CARO(A) LEITOR(A),
Queremos saber sua opinião sobre nossos livros. Após a leitura, siga-nos no **linkedin.com/company/editora-gente**, no TikTok **@editoragente** e no Instagram **@editoragente**, e visite-nos no site **www.editoragente.com.br**.
Cadastre-se e contribua com sugestões, críticas ou elogios.

transforme seu RESTAURANTE — em um negócio — MILIONÁRIO

Gente
AUTORIDADE

Diretora
Rosely Boschini
Gerente Editorial Sênior
Rosângela de Araujo Pinheiro Barbosa
Editora Pleno
Rafaella Carrilho
Assistente Editorial
Mariá Moritz Tomazoni
Produção Gráfica
Leandro Kulaif
Preparação
Algo Novo Editorial | Juliana Cury
Capa
Caio Duarte Capri
Projeto Gráfico
Márcia Matos
Adaptação e Diagramação
Plinio Ricca
Revisão
Lara Freitas
Impressão
Assahi

Copyright © 2025 by Marcelo Marani
Todos os direitos desta edição são reservados à Editora Gente.
R. Dep. Lacerda Franco, 300 – Pinheiros
São Paulo, SP – CEP 05418-000
Telefone: (11) 3670-2500
Site: www.editoragente.com.br
E-mail: gente@editoragente.com.br

Dados Internacionais de Catalogação na Publicação (CIP)
Angélica Ilacqua CRB-8/7057

Marani, Marcelo
  Transforme o seu restaurante em um negócio milionário : estratégias para superar a concorrência, aumentar os lucros e fazer seu negócio prosperar / Marcelo Marani. - São Paulo : Autoridade, 2025.
  192 p.

Bibliografia
ISBN 978-65-6107-037-9

1. Desenvolvimento profissional 2. Negócios 3. Restaurantes – Administração I. Título

25-0210 CDD 658.3

Índices para catálogo sistemático:
1. Desenvolvimento profissional

NOTA DA PUBLISHER

Em tempos de sonhos e desafios no mercado gastronômico, muitos empreendedores são atraídos pela ideia de abrir um bar ou restaurante, movidos por sua paixão pela culinária e pelo desejo de proporcionar momentos inesquecíveis aos seus clientes. No entanto, o que começa como um sonho pode rapidamente transformar-se em pesadelo quando os novos empresários descobrem que paixão e talento não bastam para conduzir um negócio sustentável. Entre a admiração pelo setor e a dura realidade dos números, há uma lacuna de conhecimento prático e de gestão que pode ser a diferença entre o sucesso e o fracasso.

É exatamente sobre essa lacuna que o empresário Marcelo Marani se debruça. Nesta obra, ele oferece um guia direto e envolvente para aqueles que buscam transformar seus sonhos em empreendimentos gastronômicos rentáveis e duradouros. Com uma metodologia estruturada, Marani compartilha os sete pilares fundamentais para uma gestão eficaz no setor de alimentação, explorando desde estratégias financeiras até a liderança e o bem-estar do dono. Essas diretrizes, baseadas em sua vasta experiência e nos desafios reais enfrentados por ele ao longo dos anos, proporcionam uma visão prática e completa das competências necessárias para prosperar em um dos mercados mais competitivos e desafiadores que existem.

Empresário de sucesso no setor de alimentação e especialista em negócios gastronômicos, Marani compartilha, aqui, uma jornada repleta de aprendizados valiosos. Sua trajetória pessoal – marcada por conquistas, fracassos e uma volta por cima inspiradora – valida a eficácia de sua metodologia e reforça seu compromisso em transformar os obstáculos em alavancas para o sucesso. Seu conhecimento aplicado, testado em cenários reais, oferece aos leitores ferramentas práticas e *insights* únicos para que possam conduzir seus negócios com mais segurança e competência.

Convido você, leitor, a mergulhar nas páginas deste livro. Além de evitar erros comuns, você encontrará os caminhos para alcançar a independência financeira e conquistar o sucesso no mercado gastronômico, guiado pelas lições de quem já percorreu essa estrada. Seja bem-vindo a uma leitura transformadora!

Rosely Boschini
CEO e Publisher da Editora Gente

*À minha família, que sempre foi o alicerce da minha jornada.
À minha esposa, Fernanda, pelo amor, paciência
e apoio incondicional, e à minha filha, Laura, que me ensina,
todos os dias, o verdadeiro significado de legado.
Aos meus pais, que me mostraram a importância
da resiliência, do trabalho duro e do caráter inabalável.
A Deus, que, em meio às quedas e aos desafios,
nunca deixou de me mostrar um caminho.
E a todo empreendedor que, apesar das dificuldades,
se recusa a desistir e segue firme na construção
dos seus maiores sonhos.*

AGRADECIMENTOS

Escrever este livro não foi apenas um processo de organização de ideias, mas uma jornada de revisitação às dores, aos desafios e às conquistas que moldaram minha trajetória.

Agradeço a Deus, que sempre me sustentou nos dias mais difíceis e me mostrou que os obstáculos, na verdade, são degraus para algo maior.

À minha esposa, por ser minha parceira em cada passo, apoio incondicional e uma grande motivadora desta obra; e à minha filha, que me dá novos motivos para querer evoluir todos os dias.

Ao Ilvo e à Silvana, meus pais, que, com exemplos silenciosos e firmes, me ensinaram o que significa ter coragem, trabalhar duro e nunca negociar os valores que realmente importam.

Aos meus colaboradores e à minha equipe, que tornam possível transformar sonhos em realidade. Se este livro existe, é porque juntos enfrentamos desafios que muitos nem imaginam – e os vencemos.

Aos meus mentores, em especial ao Victor Damásio, por terem me ajudado a estruturar o meu conhecimento e fazê-lo chegar a quem realmente importa, e também ao Gustavo Couto, pelo suporte em toda minha trajetória.

Aos grandes amigos que também são donos de restaurantes, por terem me ensinado tanto e por continuarem a me ensinar todos os dias.

Aos meus alunos, mentorados e membros do meu mastermind, pela troca de conhecimentos diária e por acreditarem no nosso projeto de mudar o cenário gastronômico e torná-lo mais profissional.

E, por fim, a todos os donos de restaurantes e empreendedores, que não têm medo de colocar a mão na massa – literalmente. Este livro é para vocês. Que ele seja um mapa, um alívio e, acima de tudo, um lembrete de que vocês não estão sozinhos nesta jornada.

SUMÁRIO

Prefácio	**12**
Introdução: dono de restaurante, dono de negócio	**16**
1. Muito antigos para o futuro	24
2. A lógica dos restaurantes modernos	38
3. O posicionamento de ouro	48
4. Três passos para ajustar a rota	58
5. Planejamento inteligente, resultados extraordinários	72
6. Esqueça a cozinha, é hora de vender!	88
7. Não faça do seu negócio um balde furado	116
8. Cuide da sua equipe e ela cuidará do seu restaurante	128
9. Do caos à ordem: estruturando seu restaurante para vencer	142
10. Além da satisfação: como encantar e criar conexões que duram	156
11. A escalada rumo ao topo: como levar seu restaurante ao próximo nível	166
Conclusão: o sucesso está além da dor	**180**
Referências bibliográficas	**184**

PREFÁCIO

Quando meus pais começaram a 1900 Pizzeria, no início dos anos 1980, era tudo "na raça". Ninguém ensinava nada para ninguém, e tudo tinha que ser aprendido sozinho, com muito custo e muita dedicação. Havia um risco de quebrar que nos assombrava o tempo todo. Ao longo do tempo, quando você acerta mais do que erra, suas chances de sobreviver aumentam um pouco. A gente conseguiu resistir à prova do tempo, crescendo e se tornando uma rede de referência com mais de uma dezena de operações. Mas esse empreendedorismo raiz da época dos meus pais não existe mais. O mundo evoluiu, o consumidor amadureceu, a competição aumentou e não há mais espaço para um empreendedor desbravar sozinho um mercado extremamente competitivo e delicado como o de bares e restaurantes.

Em um dos encontros sociais da Associação das Pizzarias Unidas do Brasil (APUBRA), que aconteceu na própria 1900, eu vi o Marcelo Marani conversando com alguns colegas e logo resolvi me aproximar para dizer: "Estou gostando dos vídeos e do conteúdo que você tem feito!". O Marani estava começando a publicar conteúdos no Portal Donos de Restaurantes com o intuito de ajudar empreendedores a melhorarem seus negócios, e eu gostava muito da forma como ele abordava diversos assuntos. Lembro-me claramente de sua expressão de satisfação ao ouvir meu simples elogio. Eu nem imaginava que pudesse fazer alguma diferença em sua vida, mas aquele comentário "inocente", reconhecendo o trabalho de um colega, marcou o início de uma amizade e de muita coisa boa que estava por vir.

O tempo foi passando e Marani foi aprimorando seu trabalho cada vez mais (e eu, sempre o acompanhando). Uma das capacidades que mais admiro em alguém é a de se desenvolver e, com isso, impulsionar todos ao seu redor. Grandes líderes fazem isso naturalmente: compartilham seus ideais, seu propósito, e mantêm sua comunidade um ambiente seguro e de união. É isso que o Marani conseguiu fazer, e, ao também nos chamar de líderes, nos provocou a sermos empreendedores que impulsionam negócios e pessoas.

Empreender no setor de gastronomia é um desafio tremendo, e a maior parte dos empreendedores vai fracassar desastrosamente. Essa realidade é muito triste, mas é possível reduzir riscos quando se tem informações confiáveis, boas referências e, como diz o próprio Marani, uma "rede de proteção". A experiência do Marani em restaurantes poderia ter sido limitada por sua vivência em apenas duas pizzarias da família no interior de Minas Gerais, mas ele soube aprender mais do que qualquer um de nós. Ao falhar em um de seus negócios, avaliou tudo que deveria ter sido feito para evitar que o fracasso tivesse acontecido e, com isso em mente, resolveu ajudar outros donos de restaurantes a não passarem pela mesma dor. Aos poucos, definiu uma metodologia de gestão para reduzir riscos e, conforme ensinava, aprendia sobre os inúmeros restaurantes por todo o país que se juntavam ao grupo. Este ciclo foi impulsionando seu conhecimento ao longo dos últimos anos, conhecimento que ele compartilha no didático conteúdo deste livro.

Existem inúmeras maneiras de conseguir sucesso empreendendo na área de gastronomia, e você pode escolher qualquer uma delas. Também existem inúmeras maneiras de dar errado, mas, neste caso, você precisa evitar todas elas!

Este livro é escrito para Donos de Restaurantes ou futuros empreendedores que desejam se embrenhar nesta jornada, e que precisam de uma metodologia comum a todos os tipos de negócio de gastronomia. *Transforme o seu restaurante em um negócio milionário* é um manual seguro para você saber o que fazer, não importa se tem um simples café, um restaurante com comida a quilo ou uma churrascaria. Nas próximas páginas, você vai acessar o conhecimento e a experiência de inúmeros negócios, organizados em pilares e lições que vão ajudá-lo a entrar no seleto grupo de empreendedores que "dão certo". Não basta ter uma boa comida, acredite. É preciso muito mais do que isso, e Marani é cirúrgico ao selecionar e discorrer sobre o que realmente aumenta suas chances de sucesso.

E, se me permite encerrar este prefácio deixando um conselho, dedique-se a ler, reler e estudar este livro de ponta a ponta, pois ele vai ajudar você a economizar tempo, dinheiro e, principalmente, a sua força vital: sua saúde. Boa leitura e bons negócios!

Erik Momo
CEO da 1900 Pizzeria, empresário, pizzaiolo
e mentor de negócios de alimentação

ANTES DE COMEÇAR A LEITURA, ESCANEIE O QR CODE E FAÇA UM TESTE RÁPIDO PARA DESCOBRIR O NÍVEL DE GESTÃO ATUAL DO SEU NEGÓCIO.

https://donosderestaurantes.com/raiox/

INTRODUÇÃO
DONO DE RESTAURANTE, DONO DE NEGÓCIO

Paixão é o ponto de partida. Mas sem estratégia, planejamento e técnica, ela não sustenta o peso de ser um dono de restaurante.

Acredite em mim: não existe negócio no mundo que seja mais envolvente e apaixonante do que ter um bar ou um restaurante. Quase toda pessoa que aprecia uma boa culinária já pensou em como seria ser dono de uma bela cantina, ter sua confeitaria ou seu bar e estar sempre rodeado de gente feliz. Quando estamos inseridos no segmento da gastronomia, vemos que a maioria das pessoas que se tornam empresárias nesse ramo tem uma missão diferente: é, acima de tudo, um ato de amor. É a paixão por cozinhar, ou até mesmo por servir ao outro, que nos traz até aqui.

É ótimo que esses profissionais tenham amor pelo que fazem, mas é preciso se atentar a um grande perigo: empreender por pura paixão, mergulhar de cabeça acreditando que apenas a vontade de trabalhar e a disposição são suficientes para ter um negócio bem-sucedido, é um erro muito grande, que pode levar ao fracasso mais rápido do que se imagina. Ao longo dos meus mais de vinte e cinco anos de experiência no ramo da gastronomia, já vi de tudo. Já comecei negócios, já quebrei, já tentei de novo e já obtive muito sucesso. Passei pela frustração de ver um sonho dar errado e pela felicidade extrema de fazer o meu negócio crescer e mudar a vida de tantas pessoas – e, claro, também já vi muitos empreendedores cometerem erros gravíssimos.

O que ninguém avisa, e poucos sabem, é que saber cozinhar, adorar receber amigos em casa e gostar de visitar restaurantes ao redor do mundo não deveriam ser bons argumentos para efetivamente começar um negócio de gastronomia. Muito menos acreditar que esse empreendimento pode ser encarado como um plano "B" de vida, apenas um hobby ou uma forma simples de ter renda extra. É um modelo de trabalho que exige muito planejamento, técnica, conhecimento e ferramentas adequadas. E entender que estratégia e conhecimento técnico são fundamentais para ter êxito é uma virtude que poucos empresários que embarcam nesse desafio têm...

Ao decidir abrir um restaurante, você toma a decisão de abrir um negócio, uma empresa. Como todo empreendimento, os do setor de gastronomia precisam de formalização, pessoas bem treinadas, processos organizados, investimento de tempo, energia e dinheiro – e de alguns erros e acertos também. Como todo negócio, há riscos altíssimos envolvidos, e é preciso estar ciente deles para mitigá-los ou para resolvê-los o quanto antes.

O problema mais recorrente que vejo no segmento de bares e restaurantes é claro: profissionais que começam apenas pela paixão e deixam o conhecimento técnico de lado. Assim, descobrem sua importância só quando os problemas estão se acumulando na geladeira... Por mais que a vontade nasça de um sonho, de uma habilidade ou de um talento, é necessário compreender que entrar no universo da gastronomia é edificar um negócio, é se tornar um empresário e assumir obrigações como tal. Para sobreviver, uma empresa precisa crescer e prosperar constantemente, certo? Se isso não acontecer, infelizmente, ela está fadada ao fracasso.

A decisão de escrever este livro vem da minha indignação com essa dura verdade. Como empresário com mais de duas décadas de experiência em restaurantes, me deparo diariamente com tristes cenários. Vejo a frustração no rosto do empreendedor que está fechando o seu negócio dos sonhos. Conheci muitos grandes empresários, donos de ótimos restaurantes, que mesmo assim ficaram pelo caminho – seja pela falta de caixa, seja pelo descuido na gestão, seja porque o negócio se tornou obsoleto. Acompanhei sucessões familiares malsucedidas, restaurantes que passaram de pai para filho e estes não conseguiram levar adiante o legado da família, fechando as portas.

Se você é um entusiasta do ramo, já deve ter reparado que a bibliografia disponível sobre o mercado gastronômico brasileiro é bem escassa. É difícil encontrar informações práticas e verdadeiras, de quem já vivenciou na pele os sabores e dissabores de ter o próprio restaurante. Eu mesmo, se tivesse tido acesso a conhecimentos desse tipo, teria feito uma jornada muito mais tranquila. É por isso que estou aqui, do seu lado, para ser o seu guia nessa trajetória complicada, porém muito gratificante. Meu grande objetivo é apresentar uma metodologia que vai mudar a sua vida e os seus resultados. Juntos, vamos explorar ferramentas e recursos que vão expandir os horizontes do seu negócio, e assim você verá que existem possibilidades e ideias muito pouco exploradas no segmento de alimentação, estratégias que podem levar você à liderança do mercado.

Já adianto, porém, que não há uma receita pronta para ficar instantaneamente rico no mercado gastronômico. Se uma fórmula mágica é o que você busca, pode parar por aqui – ela não existe. Agora, se você tem o sonho de ser bem-sucedido liderando bares e restaurantes e não tem preguiça de trabalhar, garanto a você que é possível, sim, e que você chegou ao lugar certo. Essa jornada não será fácil nem rápida; pelo contrário, será demorada e trabalhosa, mas vai valer a pena. E para que você acredite e confie em mim nesse processo, quero me apresentar melhor...

O obstáculo é o caminho

Talvez você esteja se perguntando como eu adquiri todo esse conhecimento. Bom, foi na prática. Eu vivi os altos e baixos, erros e acertos, as dúvidas e certezas. E foram essas vivências que, apesar de dolorosas, me ensinaram o caminho correto. Agora, quero ser um atalho no seu caminho. Quero compartilhar fatos importantes para poupá-lo das perdas, a fim de que você aproveite ainda mais os ganhos.

A maioria dos donos de restaurantes usa a estratégia errada. Quase todo mundo acredita que ter uma comida boa e um atendimento de qualidade faz um negócio de alimentação ser bem-sucedido, mas esses fatores são apenas um pré-requisito, e não vão levar você ao patamar que tanto almeja. Eu descobri isso depois de criar e liderar vários negócios na área de alimentação.

Após trabalhar por mais de dez anos com o meu pai nos restaurantes dele, abri o meu primeiro em 2011. Uma pequena pizzaria, que chamei de A Francesinha Pizzeria. Dois anos depois, eu já havia aberto um segundo empreendimento, com uma marca e um propósito diferentes. Essa pizzaria, chamada O Rei do Pedaço, tinha um modelo altamente replicável e escalável, que eu havia desenhado para ser um franqueador. Eu estava testando um modelo que seria a referência para centenas de outras lojas no Brasil inteiro. Essa minha ideia chamou tanto a atenção de investidores que, antes mesmo de virar um negócio de franquias, eu recebi uma grande proposta financeira e acabei vendendo a pizzaria, pouco depois do primeiro aniversário da marca – foi nessa ocasião, aliás, que ganhei experiência em abrir e vender negócios.

Em 2015, porém, encarei uma dura experiência, a que mais me ensinou em toda a minha carreira. Acreditando que estava construindo o melhor e o maior empreendimento da minha vida, realizei um importante investimento financeiro, me dedicando por muitos meses à elaboração do plano de negócios e à estratégia. Só que nem tudo saiu como o esperado.

Logo que inauguramos a casa, que se chamava Sagrada Parrilla, tivemos muitos problemas com a mão de obra, os fornecedores e o ponto físico, que ficava em uma área residencial. Pouco mais de um ano depois, o nosso caixa estava seco! Não havia nem mais um tostão para pagar as contas. No banco, uma dívida que crescia a cada dia... Foi a hora de aceitar essa derrota temporária e fechar as portas. O que eu mais temia aconteceu: eu entrei para as estatísticas negativas e fali o meu negócio.

Essa experiência exigiu muito de mim. Eu precisava me reerguer. A humildade, o estudo, o esforço e o amadurecimento foram essenciais para que eu pudesse me reencontrar e voltar a ter resultados excelentes liderando restaurantes.

Os números positivos vieram pouco mais de dois anos depois do fracasso. Com tudo o que havia aprendido, eu entendi que não poderia errar mais. Não naquele momento, quando precisava me reerguer e pagar tudo o que eu estava devendo. Então, fiz um plano e apliquei meus aprendizados (tanto erros quanto acertos) no único negócio que me restou – a primeira pizzaria que eu havia montado.

Passados alguns meses, comecei a colher bons frutos. Tivemos o reconhecimento do nosso trabalho por meio de uma premiação em nível nacional como a melhor pizza de Minas Gerais, em 2018. Ficamos entre as vinte melhores do Brasil e recebemos um prêmio em São Paulo, durante a maior feira para donos de restaurantes do Brasil, a Fispal.

Daí em diante, as coisas evoluíram. Fiz uma expansão importante no negócio, passamos a bater recordes de faturamento e de lucro. Percebi que eu ainda tinha forças, ânimo e competência para seguir com o meu sonho de empreender e ter sucesso no mercado de restaurantes. Tudo isso me levou a transformar uma grande dificuldade em combustível para o sucesso. E me fez buscar bases sólidas para entender por que tantos empresários passam por esse problema, mas não conseguem se reerguer e acabam desistindo do sonho de empreender.

Após muito estudo teórico e de campo, analisando e conversando com os maiores empresários do mercado de alimentação, identifiquei comportamentos que se repetem com frequência. Percebi que foi a aplicação desse conhecimento que contribuiu muito para a minha grande virada. E, nas próximas páginas, quero apresentar o caminho para você.

Antes de continuarmos, é importante esclarecer que este livro não é voltado apenas para restaurantes. Com a crescente diversificação do mercado de alimentação, ele foi escrito pensando em todos os tipos de negócio da área: desde hamburguerias, padarias e lanchonetes até deliveries de comida japonesa, mexicana, pizzarias, bares, churrascarias, espetarias e restaurantes self-service. Este livro é para todos que fazem parte do vasto e dinâmico mundo de alimentos e bebidas.

Independentemente do tipo de estabelecimento, os desafios enfrentados pelos empreendedores do setor são bastante semelhantes. É por isso que o conteúdo aqui presente aborda questões universais de gestão, estratégia e inovação, fatores que se aplicam a qualquer negócio de alimentação. Seja qual for a sua especialidade, o conteúdo desta obra foi concebido para ajudá-lo a navegar pelas complexidades do mercado, otimizar operações e alcançar o sucesso de maneira sustentável. Não importa se você é um dono de restaurante que está no mercado há menos de cinco anos ou um operador experiente, que atua há mais de trinta. Eu afirmo: este livro pode ajudá-lo!

Sei o quanto é cansativo se desgastar tanto para conquistar muito pouco. Porém, chegou a hora de dar um basta nisso. Chega de trabalhar sem parar e não ver a cor do dinheiro no fim do mês. Chega de ser refém do próprio negócio. O nosso tempo nesta vida é finito, e se é para investir esse tempo empreendendo, que seja para ter resultados excelentes. Que seja para ter realizações profissionais e pessoais, além de muito orgulho do que você está construindo.

Está pronto para virar o jogo e, finalmente, viver o seu sonho? Então, vamos nessa! Vamos juntos transformar o conhecimento e a sabedoria em riqueza. Cada degrau dessa escalada é importante. Mantenha-se firme nessa jornada; eu estarei com você.

O NOSSO TEMPO NESTA VIDA É FINITO, E SE É PARA INVESTIR ESSE TEMPO EMPREENDENDO, QUE SEJA PARA TER RESULTADOS EXCELENTES.

@MARCELOMARANIOFICIAL

1
MUITO ANTIGOS
PARA O FUTURO

A vida do dono de restaurante é muito menos românticа na prática do que parece na teoria.

Em 1978, três meses depois de se casar com a minha mãe, meu pai ficou desempregado. Ele trabalhava em uma multinacional e buscava crescer na vida, como todo cidadão brasileiro, até que perdeu sua posição. Sem diploma, certificado apenas por um curso técnico em Administração de Empresas, conseguir um bom emprego era difícil. As poucas vagas disponíveis eram bem disputadas.

Havia um desafio a mais: na época, empreender era uma aventura ao alcance de poucos. Para você ter uma ideia, na década de 1970, menos de 10 mil empresas eram abertas por ano no Brasil – em 2022, o número já havia saltado para mais de 40 milhões. No passado, a burocracia era ainda pior, demandando meses para abrir uma empresa; hoje em dia, você consegue fazer isso em alguns minutos ou horas, dependendo do porte da empresa.

Meu pai veio de uma família tradicional do interior de Minas Gerais. Meu avô era um empreendedor, mesmo sem saber disso. Ele era cachaceiro, dono de bar e de cinema. Ele distribuía cachaça em todas as cidades vizinhas, usando um velho caminhão, muita força de vontade e disposição. Conhecido como Vino, meu avô acabou dando o mesmo nome para o meu pai.

Na infância, Ilvinho, como era conhecido pelos amigos, acompanhava Vino na distribuição de cachaça por cidades vizinhas. Ademais, ele também trabalhou no bar. Minha avó era quem comandava a "bodega", mas os filhos ajudavam. Afinal, o modelo mais comum de negócio à época era o familiar.

Naquele momento de vida, aposto que meu pai nem sequer imaginava que toda a vida dele se daria dentro de um restaurante. Um, não; vários... Ele montou quase dez bares, restaurantes e deliveries ao longo da vida! E fez disso a sua atividade profissional e maior paixão. Posso dizer que vi poucos empresários tão apaixonados pelo que fazem como o meu pai. E tudo isso começou de um modo um pouco inesperado.

Logo depois de perder o emprego, ele precisava de grana para não ter que voltar para a casa da minha mãe e dizer ao meu avô que não conseguiria mais manter o sustento deles. Isso seria, na visão do meu pai, uma humilhação muito grande, um ataque à sua honra. Então, aproveitando um evento popular na cidade de Sete Lagoas, ele resolveu montar uma barraca de bebidas em parceria com um tio, chamado Tarcísio. O objetivo do meu pai era tentar levantar uma quantia até arrumar um novo emprego – necessidade pura. E o objetivo do tio Tarcísio, que tinha uma boa condição financeira, era ajudar o meu pai.

Como Ilvinho já tinha muita experiência com a venda de bebidas e com comércio, a barraca acabou se saindo muito bem. As vendas foram acima do esperado, garantido mais um ou dois meses de despesas de casa após o casamento.

Uma das qualidades mais importantes de um empreendedor bem-sucedido é ter uma boa visão de negócios, e foi naquele momento que o meu pai começou a desenvolver essa habilidade. Observando o resultado do evento e entendendo que trabalhar com o comércio de alimentos e bebidas poderia ser uma boa oportunidade, ele resolveu abrir uma pequena pizzaria.

A minha família tinha muita garra, paixão e força de vontade. Mas uma coisa que aprendemos a duras penas é que essas qualidades não são suficientes para fazer um negócio vingar. Com um planejamento bem improvisado – pois ainda faltavam conhecimento técnico e investimentos – e nenhuma ajuda profissional, eles marcaram a data de inauguração do novo negócio.

Logo no primeiro dia de funcionamento da Pizzaria Terraço, em novembro de 1978, as portas tiveram que ser fechadas duas horas depois da abertura. O intenso movimento de pessoas curiosas e o mal planejamento na compra dos insumos e no dimensionamento da equipe foram os principais fatores para esse encerramento precoce. Meu pai havia comprado apenas duas peças de muçarela para a abertura. Acontece que muçarela é o ingrediente principal na preparação de pizzas, especialmente em Minas Gerais, onde a qualidade e a quantidade desse queijo fazem toda a diferença no sabor da pizza.

Essa falha grave em um dia tão importante não foi apenas uma questão de falta de conhecimento ou de excesso de confiança no sucesso da inauguração. Teve a ver mais com a falta de capital de giro e a ausência de espaço adequado para armazenar os insumos. A paixão estava lá, mas não o conhecimento técnico tão necessário.

Tudo isso comprovou uma coisa: a preparação para a inauguração de um negócio envolve muito mais do que apenas boa vontade e entusiasmo – e, na realidade, o mesmo vale para toda a manutenção e o crescimento do empreendimento. É necessário planejamento estratégico, recursos financeiros adequados e infraestrutura suficiente para garantir que todos os aspectos operacionais estejam cobertos. Sem esses elementos, até mesmo os melhores e mais entusiasmados planos podem falhar.

O perigo da falta de estratégia

Meu pai viveu uma realidade de "amadorismo" nos negócios. No passado, o conhecimento sobre gastronomia e culinária era escasso, guardado a sete chaves pelas famílias, e, por isso, muito mais valioso do que hoje. Então, para aprender um pouco mais sobre receitas, era preciso viajar para o Rio de Janeiro e para São Paulo, os polos do mercado. Só que isso custava muito caro. Ademais, não existia internet e os livros também eram caros – e alguns só eram encontrados em determinadas bibliotecas.

A precificação dos produtos, por exemplo, era feita por pura intuitividade, com os preços sendo mudados a torto e a direito, de acordo com o que o dono achava adequado. Controle financeiro era "para inglês ver": apenas um livro registrando entradas e saídas, de pessoa física e jurídica, sem realmente calcular o fluxo necessário para manter o negócio funcionando. E mais: o público dos restaurantes era qualquer um que pudesse pagar pela comida. Não havia uma definição de clientela ideal e, portanto, não existia uma estratégia para atrair e fidelizar as pessoas certas.

Infelizmente, mesmo agora, quatro ou cinco décadas depois, percebo que o mercado não evoluiu o suficiente no que se refere à educação e ao conhecimento voltados para donos de negócios de alimentação. Por isso não é incomum encontrarmos negócios que estão sofrendo com os mesmos problemas que ocorriam dezenas de anos atrás.

PAIXÃO E BOA COMIDA SÃO APENAS O COMEÇO. SEM ESTRATÉGIA, NENHUM RESTAURANTE SOBREVIVE.

@MARCELOMARANIOFICIAL

Números oficiais da Associação Brasileira de Bares e Restaurantes (Abrasel) dizem que, dos negócios abertos nesse segmento, 50% quebram até o segundo ano de existência. Pela minha experiência, essa triste realidade é causada principalmente pelo despreparo dos empresários que começam um negócio sem qualquer qualificação técnica e comportamental. A maioria das pessoas acredita que, para ser um empresário de sucesso, basta comprar por um preço e vender por outro mais alto. A prática, porém, é muito diferente disso.

Esse número é assustador, não é mesmo? O mercado de restaurantes é um dos segmentos que apresenta os maiores índices de falências no Brasil e no mundo. Sabe por quê? Principalmente pelo despreparo do empresário, pela falta de conhecimento técnico e gerencial do negócio. A maioria dos apaixonados pela gastronomia não teve a chance de estudar gestão financeira e precificação de produtos. Os profissionais não entendem quase nada de estratégia de negócios, de marketing e de venda de produtos. E que dirá de direito trabalhista, tributação e outros assuntos que o empresário, em geral, jamais sonhou ter que dominar.

Ou seja, mesmo hoje, tendo acesso a muito mais informações do que antigamente, o mercado continua operando no achismo, como o meu pai fez. Apagando incêndios, vivendo um dia por vez sem olhar para o futuro, com a crença de que boa vontade pode resolver todos os problemas que surgirem. O dono de restaurante precisa ter uma extensa gama de conhecimento, e se ele não estiver bem-preparado, dificilmente vai conseguir se manter no mercado por muito tempo.

Pare por um minuto e pense em você, na sua experiência: já se encontrou em situações assim, sem domínio técnico, apesar de ter energia para vencer?

Para ilustrar, trago o exemplo de um grande amigo, que também é dono de restaurantes. Há um tempo, ele me procurou para falar sobre um problema pelo qual passava. Ele descobriu por acaso que o contador dele deixou de fazer alguns apontamentos, o que impactou no pagamento de impostos, aumentando as dívidas em centenas de milhares de reais. Esse erro no recolhimento de impostos fez com que ele quase fosse à falência. Perceba: por não entender do assunto, esse amigo não tinha mecanismos nem mesmo para questionar ou discutir com o contador sobre a questão.

Eu sei que é impossível entender de tudo. Ninguém consegue deter todos os conhecimentos que existem. Mas é aí que está o erro de tantas pessoas: em vez de procurarem ajuda especializada em gestão e estratégia, ou estudarem melhor sobre determinados pontos, simplesmente deixam para lá, achando que isso não vai ser importante. Depois, quando se dão conta, o que começou com uma faísca já virou um incêndio.

Infelizmente, amor pelo que se faz e boa comida não são o suficiente para que um restaurante seja bem-sucedido. Precisamos de estratégia.

Quando o empresário é engolido pelo negócio

Prometo ser honesto com você, ok? Ser dono de restaurante é charmoso, é *cool*. É empolgante dizer que você é "dono de um restaurante", ou talvez "dono de um bistrô", ou ainda, "dono de uma hamburgueria". Há certo glamour em fazer parte desse universo, e, muitas vezes, essa imagem nos atrai e mexe com a nossa vaidade. E é nesse momento que tenho que alertar você: a realidade pode ser muito menos glamorosa do que você imagina.

Para reforçar esse ponto, pego emprestadas as palavras de Rafael Mantesso, professor do MBA de Gastronomia do Senac e publicitário. Em 2012, ele publicou um texto na primeira edição da revista *Chef*. E embora tenha sido escrito há mais de uma década, acredito que continuará sendo atual por muito tempo:

> Sua avó e sua mãe sempre cozinharam em casa, e você aprendeu com elas. Adora cozinhar, ama receber os amigos em casa. Participa de confrarias, viaja o mundo inteiro, conhece os melhores restaurantes daqui e lá de fora, tem uma cozinha fantástica. SEMPRE comprou utensílios de cozinha pra casa, empilha livros de culinária, é sensível, adora e coleciona CDs, tem uma Nikon/Canon e seu hobby é fotografar. Você tem umas economias e sempre achou um charme ter um bistrô "despretensioso" para receber os amigos, um "plano B" de vida. Seus amigos te encorajam, você já sabe como vai ser a decoração: vai escolher pessoalmente as músicas e sair da cozinha de vez em quando para se sentar com os convidados. Todos se conhecerão pelos nomes e tradições

serão criadas e carregadas por gerações. Histórias incríveis e inimagináveis.

Pois é, este texto é a pulga atrás da orelha que faltava para você NÃO seguir seus sonhos, NÃO abrir um restaurante. Pare no sonho. Sonhe com seu restaurante e deixe ele lá, no mundo do imaginário. Isso mesmo, faça-nos um favor e não seja como (ao contrário do que você pensa) 80% dos donos de bares/restaurantes do país que, assim como você, acharam que poderiam ter um restaurante e quebraram, faliram com menos de dois anos de existência. Acreditem, isto é um dado estatístico. Segundo a Associação Brasileira de Bares e Restaurantes (Abrasel), de todos os bares e restaurantes que surgem no Brasil a cada ano, 80% quebram, fecham, desistem ou vão à falência antes de completarem dois anos. Sabe por quê? Porque a maioria dos donos pensa assim: eles acham que ter tantos indícios de restaurante é o suficiente pra ser dono de um NEGÓCIO. Bar ou restaurante é um NEGÓCIO; não é um entretenimento, não dá pra ser um hobby.

Não se fica rico sendo dono de restaurante. Além de não ficar rico, sua vida vai virar um inferno. Porque os horários de funcionamento para o público de um restaurante não passam nem perto do horário em que você vai ter de estar lá ou que o gerente-genial-ninja-imaginário (que custaria um milhão de reais em barras de ouro, que valem mais que dinheiro/mês) teria que trabalhar. Fornecedores chegam cedo, pré-preparo requer antecedência, e cagadas acontecem. Tenho inclusive como crença que Murphy escreveu a famosa lei depois de abrir um restaurante. Tudo o que pode dar errado, dará errado. E se der certo, alguém vai reclamar do sal.

Além de a sua vida e seus horários passarem a ser infernais, pessoas infernais vão entrar na sua vida. Pessoas infernais que trabalham pra você. Pessoas infernais pra quem você trabalha. Hierarquia, egolatria, teimosia, alergia. Sim, alergia. Alguém vai ter uma e alegar que a culpa é sua. Que jantou e intoxicou. Seus funcionários possivelmente caíram no mundo da gastronomia por falta de opção. Ou alguém tem vocação pra caixa? Para garçom você pode até encontrar candidatos iluminados, que adoram servir e atender pessoas de humor variado e serem mal remunerados por isso. Salário de garçom é fixo, e a remuneração variável gira em torno dos 10%, o que parece uma coisa simples, mas se você não souber gerenciar pode ter uma ação trabalhista da "classe". Aí, amigo, mesmo se vender cinco restaurantes, não vai conseguir pagar. A contratação em si já é sacal. Qual o método e critério de avaliação para contratar alguém se você não era do mercado? Checa referências? Se fosse bom, estaria empregado, pode ter certeza. Se a contratação não é um problema, o compromisso é. Vá se acostumando com os filhos que passaram mal, os acidentes de moto, as greves de ônibus, as reuniões na escola da "Thablytha" e todas as milhares de justificativas para faltas que acontecem exatamente naquele dia em que o seu estabelecimento resolveu encher.

Controlar estoque, você sabe? Sabe comprar bem? Sabe o que comprar? Sabe ver a diferença de um carré de cordeiro de 90 dinheiros o quilo para o carré de 60? Aposto que o seu cliente não sabe a diferença, mas vai achar uma bosta se você colocar o mais barato no prato dele. O seu chef de cozinha se formou no Brasil e acabou de voltar de um estágio que fez em NY/França/Espanha/Londres? Desculpe te dizer, ele ainda não é chef. Da mesma maneira que um recém-formado em jornalismo não sai da faculdade como editor. Existe hoje muito chef pra pouco restaurante. Não se iluda com o estágio internacional do garoto, isso na prática não quer dizer nada. Mais vale ter perdido a ponta de um dedo na faca. E uma dica, se ele chegar com dólmã preta pra trabalhar, mande-o embora. Ele talvez nunca tenha entrado numa cozinha e não deve saber que trabalhar na pauleira numa cozinha com 50 graus de temperatura fica insuportável se o critério para escolher a roupa for só "ser bonitinha".

Se até esta parte do texto você ainda está convicto e vai abrir um restaurante porque seus amigos são especiais e com você vai ser diferente, vai aqui mais uma dica: amigos são os piores clientes. Amigo se sente no direito de dar palpite em tudo, é mais difícil de agradar, é carente, gosta de dar carteirada, não respeita fila, fala alto e costuma não pagar a conta integralmente. Se ainda quiser abrir o seu restaurante, aqui vai minha última dica: compre uma luva de borracha daquelas compridas que vão até o ombro. Você vai precisar desentupir a sua caixa de gordura com mais frequência do que imagina. Ela sempre entope no meio da noite. Nem imagina o que seja caixa de gordura? Ai, ai, ai. Ah... E não se esqueça das redes sociais. Ter um site não é mais novidade: seja eficiente no Facebook, Twitter, Foursquare, Instagram etc. E lembre-se: sites de compras coletivas não vão te tirar do buraco.

Dizia um tio que as formas mais eficientes de se perder dinheiro eram: ter uma amante argentina ou ter um cavalo no Jockey Club. Acrescento sem pestanejar: abrir um restaurante.

Se a maioria das pessoas conhecesse essa realidade de perto, se fizesse estágios em restaurantes antes de abrir o próprio negócio, eu aposto que metade dos aspirantes a empresários desistiria dessa ideia audaciosa antes mesmo de começar.

É por isso que sempre recomendo a todos: se você realmente deseja entrar no ramo de alimentação e não está agindo por impulso ou movido por uma decisão puramente emocional, trabalhe por pelo menos seis meses em um restaurante. Experimente o dia a dia, enfrente os desafios, vivencie as dificuldades e as alegrias que surgem no caminho. Veja de perto o que significa lidar com clientes exigentes, gerenciar uma equipe, controlar custos e garantir a qualidade em cada prato servido. Essa experiência pode ser uma das mais valiosas – e econômicas – que você terá. E é muito provável que, depois de seis meses imersos na rotina, muitos desistam de seguir adiante com o plano de abrir o próprio negócio. Isso não é necessariamente ruim; ao contrário, é uma lição que pode poupar tempo, dinheiro e frustração.

Uma vez, ouvi uma história que mudou minha perspectiva sobre gestão de negócios. Um amigo meu, Marcelo Germano, que também é treinador, me contou uma situação que nunca esqueci. Ele disse: "Marani, imagine que você está em um voo de Belo Horizonte para Fortaleza e, de repente, vê o comandante do avião servindo cafezinho e água para os passageiros. O que você pensaria?".

Eu imediatamente respondi: "Eu pensaria que nossa vida estava em perigo, afinal, se o comandante está servindo café, quem está pilotando o avião?".

Marcelo sorriu e respondeu: "Exatamente. Quando o dono de um restaurante está correndo para a cozinha para ajudar a preparar os pedidos, servindo mesas no salão ou ficando no caixa para dar conta do movimento, quem está realmente cuidando da gestão e do crescimento do negócio?".

Essa analogia é poderosa porque revela uma verdade fundamental: quando nos prendemos aos trabalhos operacionais do dia a dia, deixamos a parte tática e estratégica à deriva. É como um barco que perdeu o leme, navegando sem direção e à mercê das correntes externas, esperando que a sorte ou o acaso definam seu destino.

No mundo dos negócios, especialmente no setor de alimentação, isso é extremamente perigoso. Se o proprietário está sempre imerso nas tarefas operacionais, ele perde a oportunidade de planejar, inovar e tomar decisões que realmente impulsionam o negócio para frente.

Aposto que você já se viu nessa situação: em vez de planejar a expansão da sua marca, estava pagando boletos e fazendo compras no mercado. Em vez de se sentir motivado com o negócio, virou escravo dele. O tempo que seria usado para treinar a sua equipe, e assim ter mão de obra cada vez mais qualificada, foi usado para fazer tarefas operacionais e repetitivas, que qualquer funcionário treinado faria tão bem ou até melhor que você. E quando deveria estar aproveitando os lucros, se viu preocupado com o pagamento de contas básicas... Não dá para viver assim, concorda?

Por onde começar?

Antes de corrigir os problemas, é necessário compreendê-los. Por isso, todos os dias, converso com pelo menos dois ou três donos de restaurantes. Às vezes, essas conversas chegam a dezenas no mesmo dia. Em minhas interações, percebo que muitos restaurantes são abertos sem qualquer planejamento, sem um posicionamento de marca claro, sem um diferencial competitivo, com quase nenhuma estratégia de vendas ou de fidelização. E o que é ainda mais preocupante: os controles financeiros praticamente não existem. Os donos de restaurante viram funcionários do próprio negócio, sem tempo para nada a não ser lidar com os problemas que surgem a todo instante, sem nunca receberem uma trégua. Depois de um tempo, se não desistem pela falta de ânimo, fecham pela falta de caixa.

É triste ver quantos empresários do nosso segmento não têm a menor ideia de como fazer uma boa gestão. Falta conhecimento, falta preparo, e o resultado disso é um mercado repleto de negócios que operam sem qualquer planejamento estratégico. Muitos empresários ainda não compreendem a importância de desenvolver habilidades de gestão para lidar com os desafios diários de seus restaurantes.

Vejo também um ponto ainda mais alarmante: além de negligenciarem a gestão financeira, também falham em cuidar do bem mais valioso que têm; as pessoas. Eles se concentram em questões operacionais, em cortar custos, em aumentar margens, mas esquecem que quem faz o negócio acontecer são as pessoas. Cuidar da equipe é uma das responsabilidades mais importantes para qualquer líder. E deixar de investir no desenvolvimento e no bem-estar do seu time é um erro que pode arruinar até os mais bem-sucedidos empreendimentos. Afinal, um restaurante não é feito apenas de pratos e mesas; é feito de gente. E é nas pessoas que está o verdadeiro diferencial competitivo.

Além de tudo o que já falamos aqui, vejo dois erros comuns que podem estar prejudicando sua trajetória rumo ao sucesso, e que são mais frequentes do que você imagina.

O primeiro erro é se concentrar apenas no volume de pessoas interessadas no seu negócio. Muitos donos de restaurantes ficam obcecados com o número de seguidores nas redes sociais, a quantidade de cliques que recebem e os comentários no iFood. Eles veem esses números como indicadores absolutos de sucesso, mas acabam se esquecendo da raiz deles: construir um relacionamento genuíno com os clientes mais fiéis. Esses verdadeiros fãs, os promotores da sua marca, são os que têm o poder de espalhar sua reputação para os quatro cantos do mundo. Ao ignorá-los, você perde a oportunidade de fidelizar quem realmente importa – aqueles que voltarão ao seu restaurante sempre e trarão novos clientes com eles.

Por outro lado, vejo outro grupo de donos de restaurantes cometendo um erro diferente: tratar o negócio como um hobby. Muitos enxergam o restaurante, bar ou negócio de alimentação como um espaço para receber amigos e conhecidos, um local aconchegante onde a prioridade é socializar. No entanto, essa mentalidade pode ser fatal para o crescimento do negócio. Seu restaurante não é apenas um lugar para reunir pessoas queridas; ele precisa ser uma empresa focada em atender às necessidades reais dos clientes e gerar valor para eles. Se você não aprender a vender o que seus clientes estão buscando, corre o risco de fechar as portas.

Portanto, preciso reforçar: para ter sucesso, um empreendedor deve ter visão, foco e inteligência de negócios. Um restaurante é uma empresa que precisa de um lucro satisfatório para se manter de pé. Caso contrário, você vai se cansar, vai se endividar e vai desistir do seu sonho.

SE VOCÊ TRATA SEU RESTAURANTE COMO UM HOBBY, ELE NUNCA SERÁ UM NEGÓCIO DE VERDADE.

@MARCELOMARANIOFICIAL

2
A LÓGICA DOS RESTAURANTES MODERNOS

*Adaptar-se é o primeiro passo para
transformar desafios em oportunidades.*

Para entendermos onde estamos hoje, é importante conhecer o que nos trouxe até aqui. A origem dos bares e restaurantes remonta aos primórdios das civilizações, e os estabelecimentos evoluíram de simples estalagens para viajantes até se tornarem centros de socialização e gastronomia.

O conceito moderno de restaurante surgiu na França, no século XVIII, quando Boulanger, um vendedor de sopas parisiense, introduziu a ideia de "restaurar" a energia dos clientes. Paralelamente, os bares emergiram das tabernas medievais, onde a "barre" francesa deu origem ao termo atual. Com o tempo, esses locais transcenderam sua função original, transformando-se em espaços vibrantes que refletem a cultura e a diversidade das sociedades. Hoje, bares e restaurantes são mais do que estabelecimentos para comer e beber; são palcos para celebrações, negócios e trocas de ideias, e demonstram notável capacidade de adaptação às mudanças sociais e econômicas ao longo dos séculos.

Nas últimas décadas, várias inovações e mudanças ocorreram. O surgimento dos restaurantes self-service, o fast food que se espalhou rapidamente e se tornou uma das opções mais consumidas do mundo, as *steak houses*, os restaurantes especializados em diversas culinárias, e tantos outros movimentos importantes... Essa evolução do mercado surgiu principalmente por causa do estilo de vida dos consumidores. Quanto mais os clientes precisam de velocidade, qualidade e atendimento nichado, mais o ramo de restaurantes precisa se adaptar a isso.

Muito diferente do passado, quando comer era mais uma necessidade, hoje existe um prazer em torno da comida. A relação e os valores ligados à alimentação são muitos diferentes nos dias de hoje, e isso com certeza abriu caminhos para que novos empreendimentos surgissem e conquistassem o público. Além do mais, a globalização contribuiu para facilitar o acesso a diferentes culinárias e ingredientes que, consequentemente, foram disseminadas de norte a sul no Brasil. O alcance e a expansão do mercado alimentício foram tão significativos que, no Brasil, este é o único segmento presente em todas as cidades do país, e um dos que mais geram empregos. Já ouviu falar de alguma cidade que não tenha pelo menos um bar ou restaurante? Impossível, não é?

Há alguns anos, faço treinamentos de estratégia e gestão para donos de restaurantes, em formato de imersão, nas principais capitais do Brasil. Neste exato momento em que estou escrevendo, já visitamos mais de vinte capitais. Foram milhares de empresários treinados, e durante a minha estada em cada uma das cidades faço questão de visitar o maior número de restaurantes que consigo. Dessa forma, consigo ampliar o meu repertório e o meu conhecimento prático sobre negócios de alimentação em geral.

Aonde vou, faço questão de conversar com os donos, os sócios, os colaboradores e às vezes até com os clientes. É impressionante como o Brasil é grande, e a nossa cultura é diversificada. Verdadeiramente, o Brasil parece um continente – são vários "países" dentro de um só. Muito além da linguagem, das expressões e do sotaque, existe a cultura, o clima, a gastronomia e muitos outros atributos que fazem com que cada região seja um lugar único. E eu posso garantir que, por onde passei, aprendi muito mais do que ensinei. Escutei histórias que me emocionaram – e que vou compartilhar com você nas próximas páginas. Alguns relatos aqueceram o meu coração, enquanto outros me mostraram que a dor e os desafios formam pessoas fortes e determinadas.

Quando olhamos para o histórico do mercado de alimentos e bebidas (A&B), entendemos uma coisa importante: a maioria das mudanças foi impulsionada por necessidade, e não por planejamento. Ou seja, o "amadorismo", a "paixão como único combustível" e a "replicação de modelos familiares" ainda estão presentes no DNA de muitos restaurantes, bares e lanchonetes até hoje. Isso, quando somado à falta de direcionamento e de informações disponíveis sobre o ramo, cria a receita ideal para fechamentos precoces, frustração e muitas dívidas.

O MERCADO NÃO PERDOA.
OU VOCÊ APRENDE A JOGAR O JOGO E VENCE, OU VIRA PLATEIA PARA QUEM SOUBE JOGAR MELHOR.

@MARCELOMARANIOFICIAL

Adaptar-se é preciso

Sim, precisamos mudar, evoluir, crescer. Quem não faz isso, está fadado ao fracasso. Porém, não adianta apenas sair se adaptando, sem pensar estrategicamente em qual movimento faz ou não sentido. Ouso dizer que o seu restaurante está inserido em um mundo em transição, que evolui a cada segundo, e você tem grandes chances de ficar para trás se não estiver atento e sensível a tudo o que está acontecendo. Nós estamos vivendo a era da informação, portanto, adaptar-se a esse momento é fundamental na busca pelo topo.

Considerando tantas mudanças no nosso dia a dia, algumas coisas passam pela minha mente. Por que alguns negócios insistem em anotar pedidos somente em bloquinhos? Por que ainda usar panfletos, outdoor ou carros de som para fazer a propaganda do restaurante? Será mesmo que é possível controlar o fluxo de caixa usando um velho caderninho? São questões que podem até parecer triviais, mas que, em muitos casos, são o principal motivo pelo qual os resultados esperados ficam somente no campo das ideias.

Ainda há empresários que, por falta de familiaridade com as estratégias de marketing modernas, optam por seguir métodos tradicionais. Que permanecem relutantes em adotar um posicionamento de mercado definido, pois temem que uma especificidade possa restringir seu volume de vendas ou limitar as oportunidades de mercado. Essa abordagem de tentar agradar a todos e atender a um espectro vasto demais de clientes pode fazer com que tais marcas percam sua identidade, diluindo sua proposta na tentativa de serem universalmente aceitas. Como resultado, esses empresários correm o risco de se tornarem "patos" – falaremos mais sobre isso em breve!

O que prova que a adaptabilidade é tão necessária? Basta olharmos para o mercado. Como exemplo, vou falar do que realmente faz um restaurante dar certo: as pessoas! Nos últimos trinta anos, a mão de obra no setor de restaurantes passou por transformações profundas, tanto no Brasil quanto no resto do mundo. Quando estive em Las Vegas em 2022, visitei dezenas de restaurantes e, em praticamente todos, havia uma placa com os dizeres: "*We are hiring*" – em português, "Estamos contratando". Isso deixa claro que o problema da falta de mão de obra qualificada não é exclusivo ao Brasil. Na verdade, trata-se de um desafio global, que afeta praticamente todos os setores da economia. Converse com donos de lojas de roupas, empresários de academias, gestores de empresas de tecnologia ou até mesmo indústrias, e você ouvirá a mesma reclamação: "Não existe mão de obra qualificada disponível". Mas a questão vai além de não existir mão de obra qualificada.

Esse problema não vai desaparecer tão cedo. E sabe por quê? Porque os empresários e gestores não sabem treinar suas equipes! Isso sim, somado ao aumento exponencial no número de empresas, impulsionado por uma cultura de empreendedorismo cada vez mais forte, vai causar escassez de mão de obra. Ao longo do processo de evolução econômica e social, testemunhamos mais pessoas decidindo abrir seus próprios negócios, movidas pela busca de independência, inovação e pelo desejo de criar algo próprio. A criação do MEI (Microempreendedor Individual), em 2008, na minha visão, foi um divisor de águas, permitindo que milhares de pessoas formalizassem seus pequenos negócios com menos burocracia.

E mais: como eu já disse, e ainda vou repetir, os tempos mudaram. Os jovens, por exemplo, têm mostrado uma clara preferência por trabalhos que envolvem a internet e novas mídias, buscando não apenas flexibilidade e propósito, mas também um ambiente de trabalho mais dinâmico e conectado. Essa mudança de paradigma levou muitos a evitar as carreiras tradicionais em setores como o de restaurantes, no qual trabalhamos sábado, domingo, feriados... Uma pesquisa publicada pelo portal *Toast* disse: "O fato é que a Geração Z geralmente está menos interessada em trabalhar em restaurantes do que qualquer geração anterior". Em outras palavras, se as empresas não se adaptarem, não vai mesmo existir mão de obra disponível.

Entende como são muitos os fatores que levaram aos problemas que vemos no segmento de restaurantes? A questão que fica é: em um mundo em constante evolução, como prosperar com seu restante? Bom, é isso que veremos logo mais!

Quem não muda por bem, muda por mal

Acredito que, quando não realizamos uma mudança necessária por conta própria, a vida se encarrega de nos empurrar na direção correta.

Durante a pandemia de covid-19, o setor de bares e restaurantes no Brasil sofreu um impacto devastador. De acordo com a Abrasel, cerca de 300 mil estabelecimentos de alimentação fecharam suas portas definitivamente ao longo de 2020 e 2021. Esse número representa uma perda significativa para o setor, que viu aproximadamente 30% dos negócios de alimentação fora do lar desaparecerem devido às restrições impostas para conter o avanço do vírus. No entanto, no mesmo ano e sob as mesmas condições, alguns negócios da mesma área obtiveram resultados extraordinários. Por que isso aconteceu?

A resposta está nos modelos de negócios, na capacidade de adaptação à nova realidade e no entendimento do comportamento dos clientes. Fatores que fizeram toda a diferença para quem conseguiu se destacar mesmo em tempos tão desafiadores.

Durante a pandemia, ficou claro que era preciso se adaptar rapidamente ao serviço de delivery. A mudança no perfil do mercado foi dramática, com um grande aumento no número de negócios operando como Microempreendedores Individuais (MEI). Estima-se que mais de 500 mil novos negócios entraram no mercado de delivery como MEIs, aproveitando a crescente demanda por serviços de entrega em domicílio.

Atualmente, o modelo MEI representa uma parcela significativa do mercado de restaurantes. Muitos empreendedores optaram por essa modalidade devido à facilidade de formalização, às vantagens tributárias e à flexibilidade para operar em pequena escala. O setor de delivery cresceu tanto que o Brasil agora concentra quase 50% dos pedidos de entrega de comida em toda a América Latina. Acredita nisso?

Para entender o impacto desses números, é importante considerar que, com a entrada de mais de 500 mil MEIs no mercado de alimentação, o cenário competitivo mudou drasticamente. A maioria desses novos negócios são pequenas operações, muitas vezes familiares, que funcionam diretamente de casa. Isso levou a uma diminuição significativa no faturamento médio do setor, com cerca de 80% dos negócios de alimentação faturando menos de 20 mil reais por mês.

Diante de tais números, podemos afirmar sem medo de errar que a pandemia acelerou a transformação do setor de alimentos e bebidas no Brasil, forçando muitos a se adaptarem rapidamente às novas preferências dos consumidores e às mudanças nas dinâmicas de mercado. Mas, mesmo após a pandemia, os desafios não param de chegar. A disparada nos preços dos insumos, a dificuldade de encontrar mão de obra pelo número de pessoas que estão empreendendo, a alta concorrência pela chegada da tecnologia e dos aplicativos e a baixa lucratividade são só alguns dos obstáculos encontrados atualmente.

E sabe quem vai conseguir prosperar? Quem tiver conhecimento técnico e estiver disposto a se adaptar aos novos hábitos dos consumidores e à nova realidade do mundo dos negócios gastronômicos!

Não seja o pato!

O pato nada, voa e anda... mas não é o melhor em nenhum dos fundamentos. Por isso eu afirmo: não seja o pato! O empresário-pato tenta agradar a todos e acaba não agradando ninguém. Mestres de nada, superficiais em tudo. Não conseguem excelência ou reconhecimento em nada, simplesmente por serem generalistas demais.

A verdade é que muitos acreditam que ser generalista é o melhor caminho. Começam com uma cantina e, meses depois, estão servindo hambúrguer, para agradar a todos os gostos. Um outro exemplo clássico é o dono de pizzaria querendo vender sushi. Não faz o menor sentido, e por mais que você já tenha visto um ou outro negócio tendo sucesso nesse modelo de negócios, eu posso afirmar: isso é uma raridade. Quase sempre, quem tenta fazer um pouco de tudo acaba não fazendo nada que funcione bem.

Todo santo dia algum empresário me pergunta: "Marani, eu tenho uma hamburgueria e quero começar a vender pizza, o que você acha?". Ou então: "Marani, na minha cidade ninguém vende espetos. Quero começar a vender no meu restaurante japonês, o que você acha?".

A pergunta que eu sempre faço é: "Você pode listar os cinco melhores negócios do Brasil no seu segmento e me dizer se eles fazem isso?". O Makoto não vende pizza e, ainda sim, é um dos restaurantes japoneses mais relevantes do Brasil. A Domino's não vende hambúrguer e, ainda sim, é a maior rede de pizzas do mundo. O McDonald's não vende espetinhos, mas lidera o mercado de hambúrgueres.

E se você acredita que somente os principais nichos fazem isso, eu quero citar o Acrópolis, um restaurante simples que fica no Bom Retiro, em São Paulo, que segue à risca as tradições gregas, servindo pratos típicos desde a sua inauguração em 1959. Como eles conseguem trabalhar com algo tão específico, isolar a concorrência e se manter competitivos há tanto tempo? Porque são especialistas no assunto!

Quando eu abri A Francesinha Pizzeria, em junho de 2011, meu primeiro negócio de alimentação, uma das melhores decisões de negócios que eu tomei foi exatamente essa: foquei apenas em pizzas. Nada além de pizzas era servido. Nem uma porção de batata frita para acompanhar. A escolha de manter o cardápio foi estratégica. Meu objetivo era ser inovador, diferenciar-me no mercado com uma proposta clara e ousada. Para isso, comecei a buscar as tendências mais modernas e criativas do Brasil e do mundo na época.

Minhas principais inspirações vieram de grandes referências no cenário das pizzarias. Lembro-me bem da 1900 Pizzeria, em São Paulo; a Capricciosa, no Rio de Janeiro, também me marcou; assim como a Olegário e a Marília Pizzeria, em Belo Horizonte; ou ainda a Pizzaria Bráz, em São Paulo. Eu fazia questão de visitar essas casas frequentemente, mergulhando na experiência de cada uma delas. Conversava com garçons, gerentes e pizzaiolos, sempre buscando entender cada detalhe do funcionamento e o que fazia essas pizzarias se destacarem.

Naquela época, eu não era ninguém no mercado. Ninguém me conhecia ainda. Hoje, felizmente, é diferente. Eu construí uma reputação e uma credibilidade importantes, e por isso posso usufruir e me beneficiar desse networking. Só que, quando comecei, não era assim. Era na "cara dura". O segredo é que eu adorava conversar. Sempre fui muito comunicativo. Então, eu chegava, me sentava e já começava a consumir. Afinal de contas, se eu quero me aproximar das pessoas, primeiro eu preciso gerar valor para elas. E a forma que eu tinha de gerar valor era consumindo!

Eu sempre fazia questão de me aproximar dos garçons, criar uma conexão com eles. Com um sorriso aberto, perguntava: "Quais são as pizzas que mais saem aqui? Quais são as coberturas preferidas dos clientes?". Era uma abordagem simples, mas que funcionava bem demais. Depois, eu costumava ir até o gerente, elogiava o lugar e o atendimento, sempre com total sinceridade. Só elogiava aquilo que realmente me encantava e me chamava a atenção – e eu sempre encontrava algo a ser destacado. Quando a conversa começava a fluir, eu fazia as perguntas que me interessavam de verdade: "Quais são os maiores desafios que você enfrenta aqui? Como lida com eles? O que poderia ser melhor? O que você acha que falta, mas que seu patrão não ajuda a resolver?".

Acredite, as pessoas gostam de conversar, falar do que sabem, compartilhar dificuldades, soluções e o próprio crescimento. Eu sempre saía com o bloco de notas cheio de lições e aprendizados. E, depois de um tempo, descobri que essa prática tinha um nome: *benchmarking*.

Ser o melhor em um mercado onde já existiam vários competidores não era uma tarefa fácil, então eu resolvi ser o mais inovador. O conceito de "gourmetização" estava entrando em ascensão na época e, diferente de hoje, era bastante apreciado. O termo "gourmet" se refere a algo mais elaborado, com ingredientes que antigamente não eram tão conhecidos, e saborosos aos olhos do cliente. Assim, agregam mais valor ao produto – e foi exatamente nisso que eu apostei.

Elaborei uma massa de pizza com fermentação longa, processo que confere leveza e boa textura ao produto final. Criei receitas como a pizza de "Queijo de Cabra ao Mel", "Brie e Damasco", "Três Funghi", "Caprese" – conceitos que não eram encontrados em nenhuma outra pizzaria da minha cidade.

Desde o início, o foco sempre foi claro: sermos pioneiros na cidade. Fomos os primeiros a oferecer massa de longa fermentação, pizzas veganas e sem glúten, além de drinks autorais e sobremesas irresistíveis. Até no uso da tecnologia, buscamos ser inovadores: criamos nosso próprio aplicativo e disponibilizamos pedidos por marketplaces. Se houvesse uma novidade no mercado, com certeza ela estaria na Francesinha Pizzeria.

Essa estratégia funcionou muito bem, e nosso público sempre se mostrou sedento por novidades. Com o passar dos anos, o público-alvo compreendeu o verdadeiro valor do nosso posicionamento. Não era apenas a pizza, mas a experiência que proporcionávamos. Como consequência, o negócio cresceu substancialmente, reforçando uma verdade essencial: não é a quantidade de produtos que você oferece que coloca sua marca no topo da mente das pessoas, mas sim a forma como você se comunica, a clareza do seu posicionamento e a estratégia do seu modelo de negócios.

Entende o que quero passar com essa história? Eu poderia ter seguido a maré dos restaurantes da época, fazendo tudo de acordo com as necessidades, sem pensar no meu plano e nos meus objetivos futuros. Eu poderia ter agido no amadorismo pela sede de faturar cada vez mais. Mas, não. Eu resolvi ter calma, buscar conhecimento e, assim, mudar a "lógica" do momento, me adaptando a uma onda que ainda estava se formando.

E é exatamente isso que quero ver você fazendo no seu empreendimento!

3
O POSICIONAMENTO DE OURO

Quando o ego domina, a vaidade nos leva a buscar aplausos em vez de progresso.

Há alguns anos, por volta de 2010, tive o privilégio de conhecer Fabiano Celestino. Naquela época, ele era engenheiro eletricista e trabalhava comigo na Vale, uma grande multinacional do setor de mineração. Pouco tempo depois, Fabiano encontrou o amor de sua vida, a fonoaudióloga Mariana Sá, e se casou com ela. Juntos, eles formam um casal extraordinário, uma verdadeira parceria, tanto na vida pessoal quanto nos desafios profissionais. Recentemente, a chegada do pequeno Bernardo trouxe ainda mais felicidade e completou essa linda família. Agora, eles são três, vivendo novas aventuras e criando memórias inesquecíveis.

Com o passar do tempo, Fabiano e Mariana se tornaram grandes amigos meus e da Fernanda, minha esposa. Mas antes de estreitarmos nossos laços de amizade, Fabiano me abordou com uma pergunta inesperada: "Marani, você trabalha na área de alimentação, certo? Você tem uma pizzaria, é isso?". Respondi que sim, que havia começado a empreender havia pouco mais de um ano.

Essa conversa foi o ponto de partida para que ele compartilhasse comigo seu desejo de empreender no setor de alimentação. Mesmo sendo um engenheiro formado, bem-sucedido, e com um salário que superava o de 90% dos brasileiros, Fabiano e Mariana tinham o sonho de ter o próprio negócio. Eles estavam determinados a mudar de rumo e começar algo novo.

Ao escrever essa história, acabei de me lembrar também da Alê, uma cliente de mentoria que faz parte do meu grupo mais qualificado de empresários, o DDR MASTER. Por formação, Alessandra escolheu o caminho das exatas. Assim como eu, formou-se em Ciência da Computação e, por um bom tempo, trabalhou como analista de dados. Mas, em algum momento, a vida a levou para um novo rumo: a gastronomia.

Esse interesse surgiu quando seu marido, Marcelo, decidiu empreender na área. O que começou como uma curiosidade logo se transformou em paixão. Alê não apenas se interessou pelo universo alimentício, mergulhou de cabeça nele, tornando-se uma verdadeira estudiosa e expert em negócios gastronômicos. Hoje, ela lidera com sucesso uma hamburgueria renomada na cidade de Itu, no interior de São Paulo, consolidando-se como uma referência no setor.

A história de Alê é um exemplo inspirador de como a paixão e o conhecimento podem abrir novos caminhos e transformar carreiras. Ela é a prova viva de que nunca é tarde para se reinventar e buscar novas oportunidades, mesmo quando isso significa mudar de direção e abraçar o desconhecido.

Não posso deixar de mencionar o Léo, outro amigo que também fez parte do DDR MASTER. Léo era veterinário de formação e sempre foi apaixonado por fazendas – e até conseguiu realizar o sonho de comprar uma. Mas, em uma reviravolta interessante em sua carreira, decidiu deixar sua profissão de veterinário para seguir uma antiga paixão: em um processo sucessório, ele assumiu parte dos negócios da família e se tornou proprietário de um restaurante tradicional. Até hoje, o melhor restaurante de comida portuguesa de Belo Horizonte.

A decisão do Léo de trocar a veterinária pelas panelas de um restaurante revela sua coragem de se redescobrir e explorar novas possibilidades. Ele encontrou na gastronomia uma nova maneira de expressar seu amor pela vida no campo, combinando sua experiência e paixão por alimentos frescos e de qualidade. Infelizmente, Léo faleceu há um ano e é uma falta que eu, sua família e seus amigos ainda carregamos no coração. Trouxe a história dele neste livro não só para homenageá-lo, mas também para perpetuar o seu legado, e para inspirar você, leitor.

Sabe por que estou contando todos esses relatos? Para mostrar como bares e restaurantes exercem um fascínio único sobre nós. Esses três amigos tinham bons empregos e ótimos salários, e, ainda assim, decidiram renunciar a isso para se tornarem donos de restaurantes – apesar de todos os desafios envolvidos nessa empreitada. Aliás, a atração por esse mundo vai muito além das pessoas comuns. Profissionais de áreas completamente distintas – como jogadores de futebol, celebridades, atores, apresentadores de TV e até cantores famosos – também se aventuram a abrir negócios no setor de alimentação.

Esses exemplos que citei tiveram um interesse genuíno pelo ramo e buscaram se especializar. Por isso, alcançaram o sucesso. Infelizmente, já sabemos que nem sempre é assim. E isso pode trazer altos riscos, caso a motivação e a expectativa para abrir um negócio não sejam realistas.

Para ilustrar isso, vou contar mais um pouco da minha história. Lembra que eu já tinha uma pizzaria, certo? Bom, em 2013, eu resolvi expandir os meus negócios. Abri uma lanchonete de rua, especializada em pizzas em fatias, desta vez com uma nova marca, e uma nova proposta de valor, diferente do que eu já apresentava. No Rei do Pedaço, como era chamado esse novo empreendimento, o meu objetivo era oferecer rapidez e padronização com um bom custo-benefício para os meus clientes.

Perceba que eu não falei em ser a melhor pizza da cidade. Não falei de qualidade, não falei de atendimento e não falei de vender barato. O posicionamento era muito claro. Quando eu mencionei a rapidez, é porque todas as fatias precisavam ser entregues aos clientes em menos de dois minutos. Em sua maioria, eram entregues em até trinta segundos!

E padronização era importante. Não importa se era o João, o Pedro ou a Maria que estava montando a pizza. O produto consumido pelo cliente precisava ser exatamente o mesmo que ele experimentara há uma semana, ou quem sabe há um ano. E o custo-benefício precisava garantir uma sensação ao cliente de que ele estava pagando barato, independentemente do preço que estivesse sendo cobrado. O comprador precisava sair da minha pizzaria com a sensação de que o que ele pagou foi muito pouco em relação ao que recebeu. Esse é o verdadeiro preço justo: quando o cliente tem a sensação de ter tido um ótimo custo-benefício.

No primeiro ano, foi complicado. Eu não tive um sucesso tão rápido quanto esperava. Com toda a experiência acumulada, eu imaginei que o sucesso seria automático. Afinal de contas, mesmo se tratando de marcas diferentes, era só replicar o que eu já sabia, certo?

Você já sabe a resposta, não é? Não, as propostas nunca são iguais. E sim, eu também cometi esse erro. A grande verdade é que nenhum negócio é exatamente igual ao outro. Cada empreendimento é influenciado por uma série de variáveis que afetam seus resultados. E nesse caso, eu cometi um erro crucial no início: o modelo de negócios.

Hoje, posso tirar aprendizados importantes desse fracasso. Afinal, foi nesse erro que encontrei uma das lições mais valiosas da minha vida. Uma lição que eu compartilho agora e que foi a base da metodologia deste livro.

O pilar mais importante de qualquer negócio de alimentação é, sem dúvida, **o modelo de negócios**. Claro que há outros fatores importantes, como o ponto físico, o fluxo de caixa, a geração de receitas e a gestão de recursos. Mas nada, absolutamente nada, supera a relevância de ter um modelo de negócios sólido e bem estruturado.

Para construir um negócio que crie memórias afetivas, é importante que você escolha com precisão o ponto em que deseja brilhar. Essa escolha se tornará, a partir de agora, sua habilidade exclusiva, o traço que o diferencia em meio à concorrência. Esse será o seu verdadeiro diferencial competitivo, aquilo que faz de você não apenas mais um no mercado, mas um empreendimento singular e relevante. Com essa especialidade, você se destacará da maioria dos seus concorrentes, e mais: será lembrado por aquilo que oferece de único.

Após muitos tropeços e ajustes, finalmente encontrei o modelo certo. No segundo ano, o negócio decolou. As pessoas começaram a entender claramente a nossa proposta de valor, ajustamos o posicionamento, o cardápio e os preços. Tudo se encaixou, e o sucesso foi tão grande que até o Flávio, dono do imóvel onde funcionava a pizzaria, se tornou um frequentador assíduo. Ele era o nosso locador, mas também um apaixonado pelo Rei do Pedaço. Quase todos os dias, Flávio aparecia para comer uma fatia de pizza e bater um papo descontraído.

Até que um dia ele resolveu me fazer uma proposta. Lembro como se fosse hoje quando ele falou: "Ô, primo! Você vende esse negócio para mim?". Só que o Flávio nunca havia trabalhado com alimentação, portanto, eu nem dei muita bola. Pensei que pudesse ser um impulso, algo emocional que tantas pessoas têm com o segmento de alimentação. Então, eu apenas sorri e disse que não estava à venda, já que pretendia criar uma grande rede de lanchonetes que logo estaria espalhada por Minas Gerais e, depois, pelo Brasil.

Mas o Flávio não se deu por vencido. Ele insistiu. Fez essa proposta por alguns meses, até que eu resolvi escutar o que ele tinha a dizer. E aqui fica um conselho importante para você: sempre que houver alguém interessado em fazer a você uma proposta, mesmo que não seja do seu interesse fazer aquele negócio, escute.

E foi o que eu fiz. Eu escutei a proposta e fiquei balançado. Os valores eram muito mais interessantes do que eu imaginava, mas decidi não agir na emoção. Naquele momento, eu pedi um tempo para pensar, refletir e conversar com o meu pai, que não era meu sócio, mas era o meu mentor de negócios – na verdade, ele continua sendo um dos meus mentores até hoje.

Mesmo sabendo que, nessa jornada empreendedora, precisamos falar mais "não" do que "sim", precisamos filtrar todas as boas propostas que recebemos e agir mais com o nosso lado racional do que com o emocional, especialmente nesse caso, em que a proposta era irrecusável. Sem nenhum apego, decidi que era hora de vender o Rei do Pedaço. Os valores negociados me permitiram antecipar alguns anos de lucros e, com isso, eu consegui multiplicar o meu capital e ter ainda mais possibilidades de bons investimentos.

Foi um excelente negócio para mim, mas também para o Flávio. Apesar de ser o proprietário do imóvel, ele não tinha a menor experiência no segmento de alimentação. Nunca havia empreendido nesse ramo. Então, para garantir que ele pudesse tocar o negócio com sucesso, fiz uma proposta e a formalizei no contrato. Eu garanti que passaria três meses ao lado dele, ensinando tudo sobre funcionamento, gestão de pessoas e recursos financeiros de uma pizzaria. Na prática, ele comprou o restaurante e, de presente, ganhou um treinamento completo, que o preparou para ser um verdadeiro empresário no ramo.

Naquele momento, eu ainda não entendia os propósitos maiores de Deus para a minha vida. Hoje, em retrospectiva, sei que estava passando por um teste importante. Ao mesmo tempo em que eu aprimorava minhas habilidades em negociação e venda de negócios, também começava a desenvolver a capacidade de ensinar e transferir conhecimentos sobre gestão e estratégia. Sem perceber, eu estava criando um treinamento prático sobre como ser dono de restaurantes. Isso em 2013, de maneira genuína, sem imaginar que, alguns anos mais tarde, essa seria a minha verdadeira vocação. O que era uma venda transformou-se em uma missão de vida.

E o Flávio? Ele não só se tornou um grande amigo, mas, por pouco, não embarcamos juntos em outros empreendimentos. Essa experiência nos aproximou, e, até hoje, guardo com carinho os aprendizados que surgiram dessa parceria. Hoje o Flávio não está mais entre nós. Foi um grande amigo que a pandemia de covid-19 nos levou. Contudo, até o último dia de vida, ele conduziu a pizzaria com sucesso, aplicando tudo o que ensinei no início da jornada dele como empresário no segmento de restaurantes.

Essa parte da minha história me ensinou uma lição valiosa: muitas vezes, os maiores desafios vêm disfarçados de oportunidades, e é preciso estar aberto a aprender e ensinar em cada passo do caminho. E você percebeu o que atraiu as pessoas e até um comprador para a minha pizzaria? O sucesso do plano estratégico e do posicionamento. Aliás, essa não foi a única experiência em modelo de negócios que vivi pessoalmente. Talvez a que vou contar agora tenha sido ainda mais emblemática – e ainda mais significativa...

Quando me tornei sócio e assumi o controle do restaurante do meu pai, também fiz um movimento importante. Era necessário revitalizar a marca, resgatar o desejo das pessoas em consumir os produtos e serviços de uma empresa de mais de quarenta anos, que naquele momento encontrava-se "empoeirada".

Então, eu e os meus irmãos, Carol e Alexandre, fizemos uma nova proposta de logo, cores, ambiente e, claro, posicionamento de mercado. A nossa nova proposta era atender famílias, com filhos de até 10 anos, e oferecer diversão e entretenimento para as crianças por meio de uma brinquedoteca com animadores e super-heróis.

Esse posicionamento de mercado foi tão assertivo que, em 2022, batemos todos os recordes da história de mais de quarenta e três anos do restaurante. Mais do que dobramos o faturamento anual, e temos casa cheia praticamente todos os dias. O que vendemos lá não é comida. O que vendemos é entretenimento para as crianças, por um preço que o meu cliente acredita ser justo, em um ambiente no qual ele se sente bem, consumindo produtos que ele considera de qualidade.

Para vencer no ambiente competitivo atual, você precisa ter um posicionamento específico, conhecer profundamente o público que atende, atuar em um nicho. Ainda que você perca uma parte do mercado, vai valer a pena fazer isso, pois você agirá de acordo com a sua estratégia.

Tudo isso que falamos até aqui está intimamente ligado ao seu plano de negócios. Ele é o seu "mapa do tesouro", o seu "ingrediente secreto", o seu "pote de ouro no fim do arco-íris": um plano de negócios bem estruturado, com pilares sólidos e conhecimento técnico de ponta, que vai garantir o seu sucesso.

O método: hora de começar!

"Ok, Marcelo. Gostei dos seus cases e exemplos, entendi os grandes problemas que donos de restaurante enfrentam – inclusive me vi em vários deles –, consegui compreender de onde esses obstáculos surgiram e o motivo pelo qual continuam em alta nos dias de hoje. Ah, e você também deixou claro que a solução para tudo isso é ter um bom plano de negócios e seguir o posicionamento correto. Mas como eu faço isso?"

Calma, não se preocupe, ainda estamos no começo da nossa trajetória e há muito por vir. A partir do próximo capítulo, vamos entrar no método que apresento neste livro. Todos os conhecimentos que vou compartilhar com você, eu testei nos meus negócios. Eles estão compilados em forma de sete pilares que considero imprescindíveis na gestão de empresas do mercado gastronômico. Com eles de pé, você terá um plano de negócios bem estruturado e um posicionamento inesquecível.

Os sete pilares que abordaremos juntos ao longo das próximas páginas são:

- Estratégia e planejamento;
- Vendas e marketing;
- Gestão financeira;
- Gestão de pessoas e liderança;
- Processos operacionais;
- Encantamento do cliente;
- Prosperidade do dono do negócio.

Ao longo de cada capítulo, você conhecerá exemplos práticos, de casos reais, para que possa assimilar esse conhecimento com mais facilidade, entender o que faz sentido na sua jornada e, assim, aplicá-lo ao seu negócio de modo a acelerar os seus resultados. Apesar de ser um conhecimento de gestão, desenvolvi o livro para que seja mais do que um conceito. É um guia prático, com muita "mão na massa", para que você de fato concretize o que deseja em seu negócio.

Você não curte a parte das vendas? Acha que não é um bom líder? Seus funcionários não respeitam você ou, quem sabe, você acredita que seja impossível administrar suas finanças empresariais sem misturá-las com as finanças pessoais? Não tem ideia de como operar o dia a dia? Sente-se escravo do seu empreendimento? Seu posicionamento está completamente bagunçado? Seus clientes ainda não se tornaram fãs? Se você acredita ter um ou mais desses problemas, não se preocupe! Você não está sozinho.

Aqui, você vai descobrir que trabalhar com o que ama pode ser, sim, uma mola propulsora para o sucesso. Mas além de propósito, será necessário ter ferramentas e conhecimentos que, quando aliados, o levarão por esse caminho com segurança. A partir desta leitura, ao aplicar a metodologia em sua gestão, confio que você estará pronto para transformar o seu restaurante, bar, cozinha, ou qualquer que seja o seu estabelecimento em um negócio milionário e próspero.

Está pronto?

SEU TALENTO NA COZINHA PODE SER INCRÍVEL, MAS, SEM UM MODELO DE NEGÓCIOS BEM ESTRUTURADO, SEU RESTAURANTE SERÁ APENAS UM HOBBY CARO.

@MARCELOMARANIOFICIAL

4
TRÊS PASSOS PARA AJUSTAR A ROTA

Eficiência é saber quando o suficiente é tudo de que você precisa para seguir em frente.

u sei que falei que já íamos começar o método, mas peço mais um pouco de paciência. Quero alinhar algumas coisas com você para que nosso caminho seja mais proveitoso. Para se aventurar no mundo dos restaurantes, precisamos estar com a cabeça no lugar, a fim de colocar energia onde faz sentido. E vou contar uma experiência pessoal que mostra bem a importância disso.

Em novembro de 2007, recém-chegado de Londres, onde vivi uma experiência internacional de quase um ano, eu estava decidido. Para ser melhor do que eu era, precisava estudar mais e me dedicar a desenvolver alguns conhecimentos importantes.

Na escola, eu nunca fora o melhor aluno. Pelo contrário, estava entre os piores, sempre na turma de quem passava de ano "no limite". E eu sempre me perguntava por que não tinha a mesma "facilidade" dos meus amigos mais inteligentes. Não entendia por que não conseguia estudar tanto quanto eles, me concentrar o quanto eles se concentravam, e eu me doía por isso. Até que, em algum momento, entendi algumas coisas importantes que podem ser úteis a você também.

Em primeiro lugar, o modelo das escolas tradicionais não era para mim. Um processo engessado, no qual as habilidades que realmente importam na prática, no mundo real, não são trabalhadas. Infelizmente, essa metodologia acaba não moldando nem formando pessoas com talentos distintos. Na escola tradicional, não se aprende a falar em público, a apresentar um projeto; não se aprende a administrar e investir dinheiro, e muito menos a vender, sejam produtos ou ideias. Isso é, no mínimo, questionável, afinal de contas, esses conhecimentos muitas vezes diferenciam o profissional medíocre das pessoas que mais se destacam no mercado.

Em segundo lugar, eu aprendi que trabalhar para cumprir o que foi determinado, economizando energia e esforço, muitas vezes é o que o mantém "no jogo". No meu caso, se o necessário para ser aprovado era a nota 7, não fazia nenhum sentido eu me sacrificar, colocar o meu maior esforço para ser nota 10. Para ir para "a próxima fase", eu só precisava ser eficiente, e isso era simples: bastava cumprir o acordado, e o acordado era a nota 7. Esse comportamento se repete até hoje na minha vida, e isso me ajuda muito a me afastar do perfeccionismo. Com isso eu consigo agir em direção ao que importa.

Tem uma frase do Bill Gates que me marcou muito, e que ilustra um pouco essa situação: "Eu prefiro escolher uma pessoa preguiçosa para fazer um trabalho complexo, pois ela vai achar uma maneira mais fácil de fazer aquilo". Por mais que num primeiro momento isso pareça absurdo, faz sentido quando pensamos que o mundo está cada vez mais dinâmico. Então, gastar energia e tempo demais para fazer uma tarefa, mesmo que o resultado seja excelente, pode ter um custo alto demais. Por outro lado, escolher uma solução mais simples e óbvia pode ser o caminho mais assertivo para o sucesso.

Continuando... Em posse desses entendimentos, eu sabia que não podia mais apenas seguir a maré; eu precisava encontrar meu próprio caminho. A minha decisão quando voltei do intercâmbio era me qualificar ainda mais se quisesse alcançar a alta performance como profissional. Eu havia me formado no curso de Ciência da Computação e tinha absoluta certeza de que não queria seguir essa profissão. Ainda assim, trabalhei quatro anos como analista de sistemas e programador, por resiliência, persistência e porque eu precisava pagar as minhas contas. Porém, tinha convicção de que precisava mudar. Então, resolvi fazer um mestrado em Administração de Empresas, com ênfase em Marketing. Ao longo do curso, eu descobri que estava desenvolvendo e aprimorando minhas habilidades natas.

Todos nós temos aptidão em alguma coisa. Pense, por exemplo, no esporte. Se você olhar para o Gustavo Borges – com 2,04 metros de altura, e envergadura de 2,33, que é a distância de um braço para o outro quando abertos –, os treinos e o desenvolvimento das habilidades que ele já tinha resultaram em quatro medalhas olímpicas e dezenove panamericanas.

E aqui existe um questionamento importante: se o Gustavo Borges tivesse 1,70 metro de altura, teria conquistado sequer uma medalha olímpica? Pode ser que sim, mas é provável que não. Por outro lado, se ele tivesse exatamente as mesmas medidas, mas não treinasse exaustivamente, teria o mesmo resultado? Aposto que não.

Quando encontramos nossa maior aptidão e treinamos incansavelmente, com a cabeça no lugar e colocando energia no que faz mais sentido, temos uma boa chance de conquistar resultados que a maioria das pessoas não vai alcançar. Ao longo da minha trajetória, eu entendi que existem três fatores, que eu chamo de **três passos de ajuste de rota**, que você precisa desenvolver, junto das suas habilidades, para alcançar o topo do pódio.

Passo 1: O poder do conhecimento aplicado na prática

A primeira habilidade é o conhecimento técnico. Você não vai conseguir ser um empresário excelente, que trabalha em alta performance, se não desenvolver o conhecimento técnico. É muito importante que você conheça profundamente cada fundamento do seu negócio. Com essas informações, você conseguirá desenvolver o seu time e formar uma boa mão de obra, gerenciar as finanças e melhorar a rentabilidade e o lucro do negócio, vender mais e melhor, implementar a tecnologia e a inovação que vão levar você à liderança do mercado, e muito mais.

E aqui eu não estou dizendo que você precisa saber tudo. Ninguém sabe tudo. Inclusive, pode contratar profissionais bem melhores do que você em cada um dos assuntos principais do seu negócio. Mas até para isso é preciso ter um bom entendimento dos pilares do negócio, que são os que veremos ao longo do livro. Essa é a base do que você precisa conhecer e desenvolver para que possa evoluir e performar cada vez melhor.

Às vezes eu vejo alguns empresários me dizendo: "Marani, eu já tenho trinta anos como dono de restaurante. Tem mais alguma coisa para eu aprender?". Quando escuto isso, só consigo pensar em duas coisas: medo ou zona de conforto. Certamente esse empresário está em um desses dois lugares.

A ZONA DE CONFORTO

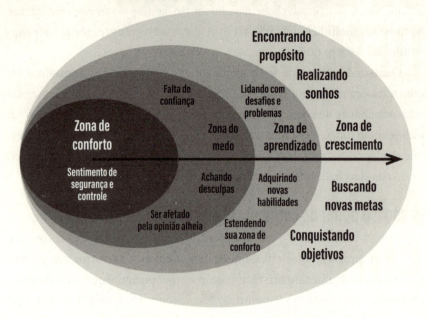

A imagem acima é baseada na obra *Side Hustle is the New Sexy*, de Gustavo Couto. Muitas vezes o comportamento de pessoas que acreditam que não têm mais nada para aprender pode ser explicado pelo diagrama da zona de conforto. Essa é uma representação poderosa do ciclo que enfrentamos ao buscar crescimento pessoal e profissional. Ele divide o processo em quatro etapas: conforto, medo, aprendizagem e crescimento. Cada uma dessas etapas é essencial e, juntas, elas mostram como expandimos nossos limites ao longo da jornada. Vamos explorar cada uma delas de maneira simples e objetiva?

Zona de conforto

A zona de conforto é onde nos sentimos seguros e à vontade, fazendo o que já conhecemos. É o espaço em que rotinas são estabelecidas e a sensação de controle predomina. No entanto, embora seja um lugar tranquilo, a zona de conforto limita o nosso desenvolvimento. Quando ficamos nela por muito tempo, podemos estagnar e nos afastar das oportunidades de crescimento. Ela oferece segurança, mas raramente nos desafia a ser melhores ou a experimentar algo novo.

SE ESTÁ FÁCIL DEMAIS, TALVEZ VOCÊ NÃO ESTEJA EVOLUINDO.

@MARCELOMARANIOFICIAL

Zona de medo

Ao sair da zona de conforto, entramos na zona de medo, em que as inseguranças e dúvidas surgem. Aqui, enfrentamos o desconhecido, e os desafios parecem maiores do que realmente são. É comum surgirem pensamentos como "E se eu falhar?" ou "O que os outros vão pensar de mim?". Esse estágio é marcado por ansiedade, pois estamos lidando com o novo. No entanto, é importante lembrar que o medo é temporário, e superar essa fase é o primeiro passo para desbloquear novas oportunidades.

Zona de aprendizagem

Superado o medo, entramos na zona de aprendizagem, quando começamos a adquirir novas habilidades e conhecimentos. É aqui que enfrentamos obstáculos e encontramos soluções, expandindo nossa capacidade. Nessa fase, saímos da inércia e começamos a nos adaptar às mudanças. Cada desafio enfrentado contribui para o nosso crescimento, e aprendemos que somos capazes de muito mais do que imaginávamos. A zona de aprendizagem transforma o desconhecido em algo familiar.

Zona de crescimento

Finalmente, chegamos à zona de crescimento, na qual integramos tudo o que aprendemos e expandimos nossos horizontes. Aqui, não apenas desenvolvemos novas habilidades, mas também alcançamos nossos objetivos e começamos a explorar novas metas. A confiança aumenta, e o ciclo se reinicia, sempre nos impulsionando a buscar mais. O crescimento não tem fim, e quanto mais ousamos sair da nossa zona de conforto, mais nos aproximamos do nosso potencial máximo.

O conhecimento técnico muitas vezes deixa de ser desenvolvido pelo empresário, principalmente porque ele acaba estacionando em uma dessas zonas. Quase sempre, na de conforto. Contudo, empresários como você, que buscam aprendizado, têm um potencial muito maior de chegar à zona de crescimento. Por isso, nos próximos capítulos, vamos ver juntos cada um dos pilares e o que realmente importa para que você consiga transformar o seu restaurante em um negócio milionário. Mas calma lá, temos mais dois passos de ajuste de rota antes disso.

Passo 2: O fortalecimento da mentalidade

O segundo passo para ajustar a rota e encontrar o ouro é trabalhar a sua mentalidade.

Você já ouviu a frase "Conhecimento é poder"? Pois é, isso é mentira pura! Ou melhor, esse é o primeiro passo para o ouro, mas se você não colocar o conhecimento em prática, vai ser um acumulador de conhecimento, e não um empresário bem-sucedido.

Do que você precisa para colocar os conhecimentos em prática? Desenvolver a sua mentalidade. E como fazer isso? Bom, o desenvolvimento da mentalidade é um processo contínuo e profundamente transformador, que começa com um mergulho sincero no autoconhecimento. Meu conselho é que você dedique tempo para refletir sobre quem realmente é, no que você se destaca e quais são os seus maiores sonhos e desejos.

Esse exercício de introspecção é a base de qualquer jornada de crescimento pessoal e profissional. Como diz o antigo aforismo grego: "Conhece-te a ti mesmo, e conhecerás o universo e os deuses". Essa sabedoria milenar nos lembra que o autoconhecimento é o ponto de partida para todas as outras formas de sabedoria e realização.

Para trilhar esse caminho, há várias referências valiosas que podem guiar você. Um exemplo é o livro de Carol Dweck, *Mindset*. A autora apresenta a ideia de que cultivar uma mentalidade de crescimento é crucial para enfrentar os desafios da vida. Segundo ela, pessoas com essa mentalidade enxergam dificuldades não como barreiras intransponíveis, mas como oportunidades para aprender e evoluir. Elas acreditam que suas habilidades podem ser aprimoradas com esforço, prática e dedicação, o que as torna mais resilientes e preparadas para aproveitar novas oportunidades.

Essa forma de pensar transforma não só como você encara os desafios, mas também como lida com as próprias capacidades. Em vez de ser limitado por aquilo que ainda não domina, a mentalidade de crescimento permite que você veja o desenvolvimento contínuo como parte da jornada. Assim, você se abre para novas experiências e supera obstáculos com mais confiança e flexibilidade.

Isso é muito forte e muito marcante na minha jornada, porque eu precisei viver exatamente esse processo antes de me tornar quem eu sou hoje.

A maioria das pessoas quer o resultado, mas não quer passar pela transformação. Contudo, esse processo de desenvolvimento é necessário para que você possa se tornar quem realmente quer ser, tudo aquilo que nasceu para ser. E nesse caminho em busca do topo, você terá que passar por muitos vales.

No livro *Picos e vales*, Spencer Johnson nos ensina que os vales são tão essenciais quanto os picos na nossa jornada de crescimento. Nos vales, enfrentamos os maiores desafios, mas também encontramos os aprendizados mais profundos. Esses momentos de dificuldade nos forçam a refletir, adaptar e crescer de maneiras que não seriam possíveis durante os tempos de sucesso. Os vales nos preparam e nos fortalecem para alcançar o topo, e esses aprendizados fazem com que nós possamos aproveitar ainda mais as conquistas quando elas chegam.

Essa jornada nos molda, forja o nosso caráter e nos permite desenvolver a resiliência e a sabedoria necessárias para nos tornarmos quem realmente queremos ser. Isso envolve desenvolver novas habilidades, sobretudo a capacidade de desaprender comportamentos e crenças limitantes. Então, aprenda a abraçar os vales com uma mentalidade de aprendizado. Isso é o que, em última análise, nos leva ao topo da montanha.

Se você é um empresário mais experiente, que passou por várias crises, instabilidades econômicas, pandemia de covid-19, sabe exatamente do que estou falando. Quase sempre a política mais atrapalha do que ajuda o empresário. E sempre que acontecem mudanças importantes no governo, ficamos apreensivos. Lembro que na última mudança importante de governo que tivemos, eu fiz uma pergunta ao meu sábio pai: "E agora, pai? Com essa mudança de governo, o que você acha que vai acontecer?". Ele respondeu: "Meu filho, nos quarenta e cinco anos que sou dono de restaurante, eu passei por intervenção militar, por governos de esquerda, direita e centro, e ainda consegui prosperar, evoluir e cuidar de uma família com três filhos. Não será diferente agora".

Essa resposta trouxe boas reflexões. A conclusão que eu tirei disso é que, por mais difícil que seja o ambiente externo, uma boa parte do seu resultado depende de você. Atitudes positivas, mentalidade de aprendizado, trabalho duro e fé podem trazer prosperidade e aprendizados incríveis.

Passo 3: A importância do ambiente

O terceiro passo para ajustar a sua rota e conquistar a medalha de ouro é saber escolher o ambiente em que você vive e a rede de contatos que você constrói.

Muitos donos de restaurantes se veem como lobos solitários. Confiando plenamente em suas habilidades, preferem lidar com tarefas sozinhos e raramente buscam ajuda externa. Essa autossuficiência pode parecer uma força, mas, a longo prazo, gera consequências severas: sobrecarga de tarefas, isolamento social e estresse. Em última instância, pode levar à depressão.

Meu pai sempre foi um homem de poucos amigos. Como dono de restaurante, ele vivia o perfil clássico de um empreendedor incansável, dedicando entre quinze e dezesseis horas por dia ao trabalho. Nas histórias que contava, descrevia suas manhãs começando cedo no mercado, passando pelos pagamentos, negociações com fornecedores e, em seguida, comandando toda a operação do restaurante. Não havia tempo para novas amizades, e, muitas vezes, ele se sentia sozinho ao ter que tomar todas as decisões sem a oportunidade de consultar ou contar com a ajuda de empresários mais experientes.

Esse isolamento pode ser uma verdadeira prisão, e muitos donos de restaurantes vivem essa realidade. Acostumam-se com a rotina, com a mediocridade ao seu redor, e acabam presos em um ciclo solitário e desgastante.

Uma das decisões mais difíceis, porém necessária, é cortar relacionamentos que não estão alinhados com seus objetivos. Deixar de lado amigos ou até familiares pode ser doloroso, mas, às vezes, é preciso estabelecer limites para focar o que realmente importa. Isso não significa que você os perderá para sempre, mas, temporariamente, é essencial priorizar o que vai impulsionar o seu crescimento pessoal e profissional.

Ainda assim, é importante lembrar que se conectar com outras pessoas é fundamental. Aprender como os outros pensam, entender os desafios que enfrentam e observar como lidam com as próprias batalhas pode ser transformador. A maioria dos empresários de alta performance que conheço entende o imenso valor dos relacionamentos. Eles sabem que, ao interagir e compartilhar experiências, ampliam suas visões de mundo e também aprendem mais sobre si mesmos.

A verdade é que quanto mais você se relaciona com outras pessoas, mais descobre novas maneiras de pensar, novas habilidades e, acima de tudo, novas formas de servir melhor ao seu negócio e àqueles ao seu redor. O isolamento pode trazer foco em curto prazo, mas a troca com os outros é o que realmente abre portas para o crescimento contínuo.

As pessoas ao seu redor podem enchê-lo de vida ou sugar sua vida. Por isso, viver em um ambiente de crescimento é fundamental para o sucesso. Como disse Dan Sullivan: "Cerque-se de pessoas que o lembrem mais do seu futuro do que do seu passado".

Se você tomar a decisão de subir na vida, naturalmente encontrará resistência ao colocar essa decisão em prática. Tornar-se uma pessoa melhor do que é hoje é difícil. Você está onde está por ser quem é. Se desconectar dessa realidade atual não é fácil, afinal, há benefícios no conforto. Reconheça que você gosta de onde está agora, que se sente bem. Contudo, se quer evoluir, vai ter que abrir mão de algumas coisas que não fazem mais sentido, entre elas: zona de conforto, relacionamentos, distrações, expectativas...

Você é como um ímã que atrai os mesmos padrões. Se outra pessoa tentasse mudar o seu ambiente por você, logo voltaria ao mesmo ponto em que está agora. Por isso, a maioria das pessoas que ganha na loteria logo volta à pobreza. Você tem um ambiente construído à sua volta para garantir que as coisas vão continuar como estão. Sua confiança também corresponde à sua condição atual. Se você quer ter uma vida diferente, precisa ser uma pessoa diferente.

Tomar a decisão de mudar seu ambiente e seu networking é um passo crucial para o crescimento. O networking não é apenas sobre conhecer pessoas; é sobre construir relações significativas que o impulsionem a um novo patamar. Busque uma rede de apoio, aprenda com os melhores, e cerque-se de pessoas que o desafiam a ser melhor. Essa é a chave para a evolução constante e para alcançar o topo.

Eu aplico isso na minha vida há alguns anos, participando de grupos de mentoria e masterminds. Isso me aproximou dos maiores profissionais de educação do Brasil e do mundo, me apresentando um grande desafio: ser muito melhor do que eu já fui. Afinal de contas, eu estava aprendendo com os melhores!

Essa experiência me permitiu mergulhar em desafios importantes e reformular minha identidade. E a melhor parte de participar de grupos como esses é que, diferente da escola, onde eu era péssimo, aqui posso pegar tudo o que estou aprendendo e aplicar imediatamente. Logo depois, recebo feedbacks, melhoro a aplicação e consigo resultados constantes. É o impulsionamento ao crescimento de 1% todo dia, em um ambiente positivo, com pessoas altamente capazes, que colocam a mão na massa e estão prontas para ajudar.

Observando minha evolução pessoal, decidi levar isso ao mundo. Criei no Brasil os primeiros grupos de mentoria e mastermind 100% focados em donos de restaurantes e negócios de alimentação. Nesses programas de alta performance, minha equipe e eu organizamos encontros presenciais, encontros on-line, desafios, tarefas e acompanhamento pessoal, para que os empresários nunca mais se sintam sozinhos. Para que eles tenham a oportunidade de trocar ideias de valor, estratégias que já funcionaram nos negócios deles, experiências de sucesso e de fracasso, e para que os outros membros possam acertar mais e errar menos. E isso tem funcionado como uma mola propulsora. Os resultados de crescimento em faturamento e lucro que temos no grupo nos dão a certeza de que estamos cumprindo nossa missão no mundo. Esse é o poder do networking e do ambiente em que você vive.

Por isso, o terceiro passo para o ouro é construir conexões significativas e um ambiente que promove o crescimento. Quando você decide sair da sua zona de conforto e se cercar de pessoas que o desafiem a ser melhor, a evolução se torna inevitável. Mas atenção! Eu preciso alertar que o networking não é apenas uma ferramenta de negócios. Eu o transformei em uma filosofia de vida, e espero que você faça o mesmo.

A jornada para o topo pode ser solitária, mas não precisa ser. Você é um produto do ambiente em que vive. Então, escolha o melhor ambiente e as pessoas certas. Assim, com certeza você desenvolverá o seu melhor potencial.

Você viu a importância dos três passos de ajuste de rota? Eles não são somente para donos de restaurante, nem só para empreendedores, mas para todos que desejam crescer e prosperar na vida. Se não valorizamos o conhecimento prático, se não trabalhamos a nossa mentalidade e se não vivemos em um ambiente de evolução, fica muito mais difícil treinar nossas habilidades e alcançar o sucesso desejado.

Agora que estamos alinhados, podemos, enfim, começar o nosso método. Com a cabeça no lugar e as prioridades definidas, vamos começar a estudar cada um dos pilares que vão elevar o seu negócio ao próximo nível e que vão, de uma vez por todas, mudar os seus resultados e a sua vida. Espero você lá!

SE VOCÊ QUER CRESCER, PARE DE ANDAR COM QUEM PUXA VOCÊ PARA BAIXO. SEU AMBIENTE DEFINE O SEU DESTINO.

@MARCELOMARANIOFICIAL

5
PLANEJAMENTO INTELIGENTE, RESULTADOS EXTRAORDINÁRIOS

Inovação é pegar o que já existe e moldar de forma única, sendo guiado pela sua visão, e, assim, criar algo que o mundo ainda não viu.

Seja bem-vindo ao método dos sete pilares, que vai transformar o seu restaurante em um negócio milionário! Vamos começar pelo **pilar da estratégia e do planejamento**, que é o ponto de partida para um negócio altamente lucrativo.

Até aqui, enquanto estudávamos os problemas e os motivos que levam tantos negócios a fecharem no Brasil, eu apresentei para você algumas boas dicas sobre como pensar estrategicamente no seu negócio. Agora, vamos mergulhar mais a fundo nesse tópico, focando também os planejamentos necessários.

A estratégia está totalmente ligada ao seu posicionamento, conforme eu mencionei anteriormente. Ele será o seu grande diferencial, o seu modo de atuar, a sua imagem perante o seu público.

Construir um negócio bem-sucedido e bem posicionado não é tão simples. É necessário combinar alguns elementos fundamentais para ter uma boa performance. Basicamente, são cinco fatores essenciais que orientam todo o processo: **a oferta certa, o cliente certo, a hora certa, o preço certo e o canal certo**. Cada um desses elementos possui uma importância fundamental, e sua execução pode ser a diferença entre o sucesso e o fracasso de uma operação.

O primeiro é a oferta certa.

Aqui, a oferta não é apenas o produto ou serviço que está sendo vendido, mas o valor real que ele entrega ao cliente. A oferta certa atende de maneira clara e direta uma necessidade ou um desejo do mercado, trazendo uma solução relevante e de impacto. O seu negócio precisa ser capaz de identificar o que o mercado demanda e moldar o produto não apenas para suprir essa carência, mas para superá-la. Isso exige um conhecimento profundo do segmento de alimentação, além de uma capacidade de inovação que diferencie o produto da concorrência.

O segundo fator é o cliente certo.

De nada adianta ter um produto excelente se ele não chegar às pessoas que realmente precisam dele. Identificar o cliente certo envolve um estudo detalhado do público-alvo, entendendo suas preferências, hábitos de consumo e, sobretudo, seus problemas, que a oferta busca resolver. Além disso, o cliente certo é aquele que vê valor no que está sendo oferecido e está disposto a pagar por isso. Os restaurantes que compreendem e segmentam bem seus clientes conseguem gerar uma conexão mais forte e verdadeira, aumentando as chances de conversão e fidelização.

O terceiro elemento é o momento certo.

O *timing* é muito importante em qualquer negócio. Uma oferta pode ser perfeitamente adequada, mas, se for lançada na hora errada, corre o risco de não gerar o impacto esperado. Isso pode ocorrer tanto por questões econômicas e sazonais quanto por comportamentos de mercado ou tendências. Restaurantes, bares e deliveries bem-sucedidos monitoram constantemente o ambiente ao seu redor e procuram identificar o melhor momento para lançar uma oferta. A hora certa é aquela em que o cliente está mais receptivo, as condições de mercado estão favoráveis e o produto ou serviço oferece uma solução imediata.

Outro aspecto fundamental é o preço certo.

Determinar o preço de uma oferta é um exercício delicado de equilíbrio. Um preço muito alto pode afastar clientes, e um preço muito baixo pode comprometer a percepção de valor ou a rentabilidade. O preço certo é aquele que entrega uma proposta de valor justa tanto para o cliente quanto para o negócio. Ele deve refletir a qualidade e a diferenciação do produto, ao mesmo tempo que gera margem suficiente para garantir a sustentabilidade da empresa.

Por fim, temos o canal certo.

Ele se refere ao meio pelo qual a oferta será disponibilizada ao cliente. Esse canal pode ser digital, físico ou híbrido, mas o importante é que ele esteja alinhado aos hábitos de compra do público-alvo. O canal certo não é necessariamente o mais popular, mas aquele que oferece a melhor experiência ao cliente e facilita o acesso ao produto ou serviço. A escolha correta pode aumentar significativamente as chances de uma venda, pois facilita a comunicação, a distribuição e a conveniência, elementos cada vez mais valorizados pelos consumidores.

Esses cinco tópicos formam o alicerce de uma estratégia bem-sucedida, e o planejamento consiste em traçar caminhos, estudar o público e fazer testes e mudanças necessárias até chegar ao que efetivamente vai funcionar na sua realidade. A oferta certa, para o cliente certo, no momento certo, pelo preço certo e através do canal certo cria um ciclo virtuoso em que todas as partes se alinham para maximizar os resultados.

O posicionamento estratégico

Agora que deixamos claro quais são os cinco fatores para traçar uma boa estratégia, quero resgatar um raciocínio importante. Eu contei que fiz a gestão de três negócios de pizzarias, certo? São negócios com produtos similares, mas com conceitos e posicionamentos de mercado totalmente diferentes. E, mesmo assim, todos eles alcançaram o sucesso e trouxeram resultados financeiros muito bons.

Com isso em mente, agora eu pergunto: qual é o posicionamento de mercado do seu negócio? Essa é uma pergunta importante, que quase nenhum empresário consegue me responder quando estamos conversando sobre modelos de negócios.

O posicionamento de mercado é uma das decisões mais estratégicas que um dono de restaurante pode tomar. Em um setor cheio de opções, ser claro sobre quem você é e a quem você serve é o que vai diferenciar seu restaurante dos concorrentes. Isso começa com a definição de uma proposta de valor única: o que faz o seu restaurante ser especial? Pode ser o tipo de culinária, a experiência proporcionada, o ambiente ou até a forma como você se relaciona com os clientes.

O posicionamento bem estruturado vai além de atrair o público certo. Ele estabelece as bases para a criação de uma marca sólida e memorável, capaz de gerar preferência e lealdade ao longo do tempo. Esse processo não se resume apenas a uma boa estratégia de marketing, mas envolve também uma compreensão profunda das necessidades, dos desejos e dos comportamentos do seu público-alvo – aprenderemos a fazer isso mais adiante. Quando uma marca consegue entender intimamente quem são seus consumidores e o que eles realmente valorizam, fica mais fácil alinhar as ofertas com essas expectativas, gerando uma conexão emocional genuína.

Mais do que entregar um produto ou serviço, trata-se de proporcionar uma experiência que ressoe com os valores e as aspirações dos clientes. Essa sinergia entre o que a marca oferece e o que o público espera não só fortalece a imagem da empresa como também constrói uma relação de confiança, essencial para a fidelização. Marcas que investem tempo em entender o contexto de seus consumidores, antecipar necessidades e resolver problemas de maneira única acabam criando uma base de clientes mais engajada e disposta a seguir com a empresa a longo prazo.

O sucesso nesse processo vem da capacidade de ir além do óbvio: é preciso construir uma narrativa que faça sentido para as pessoas, uma história da qual elas queiram fazer parte. Restaurantes que conseguem se posicionar de maneira autêntica, ao mesmo tempo em que inovam e oferecem valor consistente, se destacam em mercados competitivos. Assim, o verdadeiro poder de um bom posicionamento é mais do que atrair atenção; é manter um relacionamento contínuo que evolui com o tempo, resultando em clientes não só satisfeitos, mas leais e promotores da marca.

Para que você tenha ainda mais clareza sobre a aplicação desses conceitos de posicionamento, considere algumas ideias:

Novidade

A novidade satisfaz um conjunto totalmente novo de necessidades que os clientes anteriormente não percebiam, porque não havia oferta similar. Ao se destacar pela novidade, você atrai atenção e é visto como pioneiro.

Exemplo: Quando o McDonald's trouxe o modelo padronizado e rápido de servir o lanche, foi extremamente inovador. Assim como o Habib's com as esfihas, o China in Box com a comida chinesa em caixinhas, o Subway com fast food de sanduíches "naturais", e assim por diante.

Customização

Pode ser entendida como a adaptação de produtos e serviços para necessidades específicas de clientes individuais ou de um segmento de clientes. Ao se destacar pela customização, você cria proximidade com o público através de seus gostos.

Exemplo: No Spoleto, você pode montar a sua massa da maneira como desejar, entre os vários ingredientes e tipos de massas disponíveis. Outra opção é trabalhar com itens especiais para públicos veganos ou vegetarianos. Ainda sobre customização, você pode adaptar os seus serviços para atender como um buffet ou chef em casa, por exemplo.

Performance

Melhoria de desempenho de um produto ou serviço. Ao se destacar pela performance, você automaticamente se coloca acima de seus concorrentes, gerando autoridade.

Exemplo: Delivery que entrega entre vinte e trinta minutos no máximo. A Domino's Pizza ficou famosa no mundo inteiro quando fez a promoção: "Sua pizza entregue em trinta minutos ou menos, ou sai de graça!".

Status

Quando você oferece uma comida e um ambiente mais sofisticados, o cliente encontra valor no simples ato de estar no seu estabelecimento, em tirar fotos e postá-las nas redes sociais, pelo status que isso gera. Ao se destacar pelo status, você eleva o nível do seu público-alvo e, portanto, do seu negócio.

Exemplo: Gastronomia de alto padrão, como o D.O.M., Oro, Figueira Rubaiyat, ou delivery como o do Pobre Juan, que oferece uma embalagem diferenciada, premium.

Acessibilidade

Acontece ao criar facilidade de acesso ao restaurante ou delivery. Ao se destacar pela acessibilidade, você traz os clientes para mais perto do seu negócio.

Exemplo: Estacionamento facilitado, proximidade ao transporte público. Para delivery, o uso do WhatsApp ou de outras ferramentas que facilitam a comunicação.

Exclusividade

Você pode criar serviços ou produtos únicos que vão valorizar sua marca e deixá-la ainda mais desejada. Além disso, pode ter aplicativos próprios e/ou sistema de fidelização. Ao se destacar pela exclusividade, você se tornará único para o seu público.

Exemplo: Na Francesinha Pizzeria, eu criei um rodízio de pizzas chamado rodízio premium, com pizzas especiais e exclusivas, como a pizza de Doritos com pimenta biquinho, a pizza de queijo brie e damasco, e a pizza de brownie com sorvete. Além disso, os clientes ainda têm refrigerante e suco de laranja liberados a noite toda. A criação desse rodízio premium fez com que o nosso movimento triplicasse e, por isso, temos filas de espera com frequência.

Muitas pessoas acreditam que o empreendedor bem-sucedido é alguém que constantemente tem ideias inovadoras, mas isso é apenas mais um mito sobre o empreendedorismo. Você realmente acha que os grandes empresários têm ideias geniais todos os dias?

Claro que não! Isso não existe.

A realidade é bem diferente. O que esses empreendedores tiveram foi uma ou outra ideia muito boa, que executaram com excelência e fizeram dar certo. Na verdade, na maioria das vezes, trata-se de uma adaptação ou evolução de algo que já existia, ajustado de modo inteligente para atender a uma demanda de mercado que foi identificada por eles. O famoso "feijão com arroz", que é o básico bem-feito, funciona muito bem e costuma ser muito lucrativo.

Pablo Picasso, o célebre artista espanhol que revolucionou as artes plásticas com sua abordagem inovadora do Cubismo, uma vez afirmou: "Bons artistas copiam, grandes artistas roubam". Essa frase, embora polêmica à primeira vista, carrega uma poderosa lição sobre criatividade e inovação, que transcende o mundo das artes e pode ser aplicada com sucesso aos negócios. Quando Picasso mencionou o ato de "roubar", ele não estava sugerindo uma apropriação desonesta, mas sim a capacidade de olhar para o que já existe e transformá-lo em algo totalmente novo e autêntico, indo além da simples imitação.

Para se destacar em um mercado competitivo como o nosso, não basta copiar o que os outros fazem. É preciso absorver referências, estudar tendências, entender o que já está dando certo e, a partir disso, encontrar novas maneiras de inovar, criando algo que seja genuinamente único e tenha um valor diferenciado – tudo isso, claro, ligado ao seu posicionamento de marca.

Isso aconteceu quando eu criei o rodízio premium na Francesinha Pizzeria. A estratégia seguiu um caminho similar ao que discutimos sobre o valor de um bom posicionamento. Peguei um conceito já conhecido, o rodízio tradicional de pizzas, e o transformei, agregando muito mais valor e elevando a experiência dos clientes a um novo patamar.

Em vez de oferecer apenas as pizzas convencionais, decidi incluir as mais premiadas e reconhecidas pela alta qualidade e popularidade entre os clientes. Parece óbvio depois que já foi feito, não é? Mas as boas ideias são assim. O mais legal é que, na prática, isso trouxe um diferencial que imediatamente fez a Francesinha Pizzeria se destacar no mercado. E eu não parei por aí. Para tornar a experiência ainda mais atrativa e proporcionar uma sensação de exclusividade, incluí bebidas não alcoólicas à vontade, algo que normalmente é cobrado à parte em rodízios tradicionais. Esse pequeno ajuste no modelo gerou uma percepção de valor muito maior por parte dos clientes, que passaram a enxergar o pacote completo como uma oferta vantajosa e sofisticada.

A precificação foi cuidadosamente ajustada com base no valor agregado que eu estava oferecendo. Não se tratava apenas de aumentar o preço, mas de justificar esse acréscimo entregando uma experiência premium e única. A abordagem permitiu que eu aumentasse o valor do ticket médio em aproximadamente 30%, o que representou um impacto significativo no faturamento e na rentabilidade do negócio.

Tudo isso, a junção dos elementos que estudamos, somados à minha escolha de posicionamento, orientaram toda as estratégias e planejamentos subsequentes. A ideia é se manter fiel ao que você acredita e busca, mas melhorando, evoluindo, aperfeiçoando sempre que possível.

A lição aqui é clara: quando você consegue identificar oportunidades de agregar valor real, melhorar a experiência do cliente e comunicar isso de modo eficaz, é possível justificar um aumento de preço e também criar um senso de exclusividade pelo qual os consumidores estão dispostos a pagar. Essa combinação de inovação, qualidade e percepção de valor é fundamental para a evolução do negócio e para a validação do seu plano de negócios.

Estratégia e planejamento na prática!

Agora que você já compreendeu o conceito de transformar ideias existentes em inovação, vamos explorar, de maneira prática, simples e clara, como grandes *players* do mercado se destacaram e quais foram suas propostas de valor. Essas empresas não reinventaram a roda, mas souberam identificar lacunas e oferecer soluções que transformaram suas áreas de atuação. A maior riqueza de um negócio está na capacidade de observar e resolver problemas reais, de maneira eficiente e inovadora.

Vamos começar pelo exemplo do McDonald's, uma das marcas mais reconhecidas globalmente. O que fez essa rede de fast food se destacar tanto?

Na época, as opções de refeições rápidas e padronizadas eram praticamente inexistentes. As pessoas estavam acostumadas a esperar longos períodos em restaurantes tradicionais. Foi aí que a empresa dos irmãos McDonald entrou em cena, oferecendo algo completamente novo: refeições preparadas de maneira extremamente rápida, com um nível de padronização que garantia a mesma experiência em qualquer lugar. Essa eficiência atendeu a uma necessidade urgente: rapidez e consistência.

O resultado foi um impacto imediato e positivo nos clientes, que valorizavam tanto a conveniência quanto a previsibilidade da alimentação. Esse modelo não apenas conquistou clientes, mas revolucionou toda a indústria de alimentação rápida, criando uma nova forma de fazer negócios.

Outro exemplo brilhante de inovação simples, porém eficaz, é o da Domino's Pizza, hoje a maior empresa de delivery de pizza do mundo. A Domino's captou algo que o mercado de entregas ainda não havia percebido: a urgência dos consumidores por receberem seus pedidos de maneira rápida e confiável. Em resposta, lançou o famoso slogan: "Sua pizza entregue em trinta minutos ou menos, ou sai de graça!". Essa promessa atraiu clientes e mudou a percepção de eficiência no setor de entregas de comida.

A simplicidade da proposta era revolucionária: uma aposta na eficiência e na performance, garantindo rapidez e um alto nível de serviço. Até então, ninguém havia feito isso de maneira tão ousada e direta. E foi exatamente esse posicionamento que permitiu à Domino's conquistar o mercado global, ao se colocar como uma empresa confiável e focada em resolver o problema da espera.

O que esses exemplos nos mostram é que você não precisa ter uma ideia mirabolante para se destacar no mercado. Na verdade, as soluções mais simples muitas vezes são as mais poderosas. O segredo está em observar de maneira atenta, identificar os problemas e as frustrações que os consumidores enfrentam e, então, usar habilidades e recursos para oferecer uma solução prática, eficiente e inovadora. É essa capacidade de transformar uma necessidade latente em uma proposta de valor clara e bem executada que diferencia as empresas comuns das extraordinárias em seus planejamentos estratégicos.

Outro caso de sucesso notável é o do Spoleto, uma marca que se destacou no mercado brasileiro de alimentação rápida ao inovar com o conceito de customização. Fundado pelo Grupo Trigo, o Spoleto trouxe um diferencial que conquistou os consumidores: a possibilidade de personalizar os pratos de massa com uma variedade impressionante de ingredientes frescos. Essa abordagem deu aos clientes o poder de criar refeições ao seu gosto – algo que, até então, era raro no segmento de fast food. Com isso, a marca conseguiu atrair tanto aqueles que buscavam praticidade quanto aqueles que desejavam uma experiência gastronômica mais personalizada.

A grande sacada do Spoleto foi entender que os consumidores valorizavam não apenas a rapidez, mas também a liberdade de escolha. Esse modelo de customização criou uma experiência única, que se conectava diretamente com as preferências individuais de cada um. Ao combinar eficiência operacional com uma proposta de valor centrada no cliente, o Spoleto rapidamente se consolidou como uma das maiores redes de alimentação do Brasil. A estratégia fortaleceu a fidelidade de seus clientes, e mais: serviu de inspiração para outras empresas do setor, mostrando que a personalização pode ser uma poderosa ferramenta de diferenciação no mercado.

Quero citar também a rede de restaurantes Pobre Juan, uma das maiores do Brasil no segmento de carnes. É um exemplo primoroso de como a excelência na experiência gastronômica pode transformar um restaurante em referência no segmento premium. Inspirado nas tradicionais *parrillas* argentinas, o Pobre Juan trouxe ao mercado brasileiro uma proposta de valor que combina cortes de carne de altíssima qualidade, ambiente sofisticado e um atendimento excelente. Com uma atmosfera que remete às raízes da cultura argentina, a marca se destacou ao oferecer uma experiência completa, na qual cada detalhe, desde a escolha dos vinhos até o preparo das carnes na grelha, é pensado para encantar o cliente. Esse cuidado posicionou o Pobre Juan como sinônimo de alta gastronomia, consolidando a marca em um mercado exigente e competitivo.

Por fim, fundada em 1979, na região Sul do Brasil, a Fogo de Chão é mais um excelente exemplo de como uma proposta de valor bem executada pode conquistar mercados ao redor do mundo. A churrascaria apresentou ao mercado uma forma inovadora de servir churrasco: o espeto corrido, uma experiência em que os cortes são servidos diretamente nas mesas, de modo contínuo e personalizado. Com carnes de altíssima qualidade e um buffet variado de saladas frescas e acompanhamentos, a Fogo de Chão rapidamente se destacou no mercado brasileiro. Esse modelo, além de autêntico, proporciona uma experiência gastronômica única, o que pavimentou o caminho para a internacionalização da marca. Hoje, a Fogo de Chão é uma multinacional consolidada, com capital aberto e presença marcante em diversos países.

Todos esses exemplos mostram, mais uma vez, que não há uma fórmula mágica única para alcançar o sucesso nos negócios.

Matriz do Impacto: esforço inteligente que vai trazer resultados rápidos

Quero aproveitar esse momento, em que estamos falando de estratégia e planejamento, para apresentar uma ferramenta que vai fazer muita diferença no seu dia a dia, nas suas decisões e no seu empreendimento. Acredite em mim: boas decisões impactam profundamente o resultado dos seus negócios.

Eu considero que tenho uma produtividade bem alta no meu dia a dia. E isso não vem apenas do volume de coisas que eu consigo executar. Acredito que grande parte do resultado que eu consigo gerar vem da capacidade que tenho de fazer boas escolhas. Para isso, utilizo diariamente uma ferramenta que quero compartilhar com você. Essa é a Matriz do Impacto, uma tática que vai auxiliar em todos os pilares do seu negócio (não somente na parte de planejamento) e, consequentemente, na estruturação do seu plano de negócios.

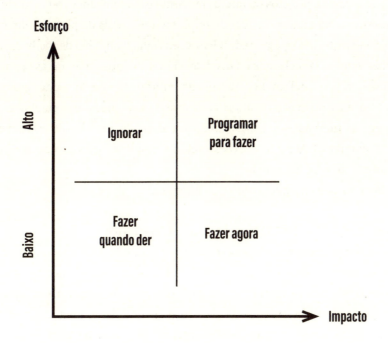

A Matriz do Impacto é uma ferramenta poderosa para ajudar a priorizar tarefas e tomar decisões mais inteligentes no dia a dia empresarial. Ela nos permite avaliar o que realmente vale a pena ser implementado, ao analisar o esforço necessário em relação ao impacto que cada ideia ou projeto pode gerar. Com isso, conseguimos focar ações que trarão mais benefícios com o menor esforço, ajudando a otimizar tempo e recursos. Essa matriz é especialmente útil para evitar que nos dispersemos com atividades de baixo impacto e que, muitas vezes, exigem muita energia.

No meu dia a dia, essa é uma das ferramentas que mais utilizo. Assim como eu, imagino que você tenha inúmeras novas ideias, projetos e desafios surgindo constantemente. Mas a grande questão é: o que realmente faz sentido implementar? Quais são as prioridades?

O segredo para manter o foco e garantir sucesso a longo prazo muitas vezes está em saber dizer mais "não" do que "sim". Muitos empresários acabam se perdendo ao tentar abraçar todas as oportunidades. Já aqueles que conseguem filtrar e priorizar o que realmente importa tendem a obter resultados mais sólidos e consistentes.

Novas ideias, projetos ou tarefas precisam estar alinhadas com o modelo de negócios. No meu caso, quando implementei a ideia da pizza quadrada, experiência que irei relatar mais adiante, eu tinha o objetivo de melhorar as minhas vendas. Perceba que eu não falei simplesmente aumentar as vendas, eu disse "vender melhor"! Portanto, aumentar o volume de vendas era importante, mas, no mesmo sentido, aumentar o ticket médio e a rentabilidade do negócio também era. Essa ação estava alinhada à minha visão, ao meu posicionamento. Além disso, o esforço e o resultado estavam no melhor quadrante possível da matriz.

Bem, vamos entender como isso funciona.

Quadrante 1: baixo esforço, baixo resultado

Quando uma tarefa requer pouco esforço e gera resultados modestos, ela deve ser tratada como uma atividade de baixa prioridade. Essas tarefas não vão ser o "divisor de águas" do seu negócio, não vão transformar o jogo. Portanto, a abordagem aqui é simples: faça quando der tempo. Elas podem trazer algum benefício, mas não são urgentes ou essenciais para o sucesso do empreendimento.

Um exemplo de uma tarefa de baixo esforço e baixo resultado é reorganizar pequenos itens de estoque: pode ser útil, mas não vai impactar diretamente nas vendas ou na operação do restaurante. Faça isso quando tiver tempo livre.

Quadrante 2: alto esforço, baixo resultado

Esse é o quadrante para evitar. Se uma tarefa exige muito esforço – seja de tempo, dinheiro ou energia – e o resultado que ela oferece é baixo, simplesmente não vale a pena. Esses são projetos ou atividades de alta complexidade que não trazem retorno significativo. Sempre que você identificar uma tarefa nesse quadrante, a melhor decisão é ignorá-la. Economize seus recursos para investir no que realmente faz sentido.

Um exemplo de uma tarefa de alto esforço e baixo resultado é desenvolver um cardápio extenso de pratos muito complexos e pouco vendidos. Criar novos pratos que demandam ingredientes de difícil acesso e preparo demorado, mas que não têm grande procura, exige muito esforço da equipe e altos custos, com um retorno mínimo em termos de vendas e impacto no público.

Quadrante 3: alto esforço, alto resultado

Esse é um quadrante que merece atenção especial. Muitas vezes, as tarefas que envolvem um alto esforço, mas prometem um resultado excelente, precisam ser consideradas com prioridade alta, pois o esforço será justificado pelo impacto positivo no seu negócio. A maior parte dos projetos importantes e estratégicos vai cair nesse quadrante, exigindo dedicação, mas oferecendo uma recompensa substancial no fim.

Um exemplo é treinar a equipe no encantamento do cliente e em técnicas de vendas. Investir em um treinamento intensivo para aprimorar o atendimento, melhorar o desempenho da equipe e aumentar a eficiência no serviço exige tempo, esforço e recursos, mas os resultados geram uma melhora enorme na experiência do cliente e no faturamento.

Quadrante 4: baixo esforço, alto resultado

Esse é o cenário ideal. Quando uma tarefa exige pouco esforço e promete um grande resultado, você está diante de uma oportunidade de ouro. No entanto, é importante manter um olhar crítico e desconfiar de situações que parecem "boas demais para ser verdade". Tarefas que parecem fáceis podem, às vezes, não entregar os resultados esperados.

Existe um conceito que eu adoro e sempre menciono nas sessões de mentoria que eu faço, chamado *"low hanging fruits"*, que se refere a colher as "frutas mais baixas da árvore" – ou seja, aproveitar as oportunidades mais simples e rápidas de executar para gerar resultados significativos de maneira imediata.

Um exemplo é ajustar o cardápio digital e as estratégias em plataformas de delivery como o iFood. Trabalhar com fotos atraentes, descrições persuasivas, estratégias de aumento de visualização e de aumento do ticket médio são tarefas simples que podem aumentar significativamente os pedidos e o faturamento do restaurante.

Foi exatamente o quadrante de menor esforço e maior resultado que enxerguei no caso da pizza quadrada. Era simplesmente criar um conceito, novas embalagens e sabores, e fazer o produto em um formato diferente. Simples assim, e funcionou!

É fundamental que você entenda que a lógica dos restaurantes modernos mudou. Hoje, o foco principal está no cliente – suas necessidades, dores e desejos. O sucesso de um restaurante não depende apenas de atrair novos clientes, mas de criar conexões verdadeiras e duradouras com eles.

Ao longo deste capítulo, apresentei vários exemplos de empresas distintas, cada uma com propostas de valor únicas e bem-sucedidas em seus mercados. Poderia facilmente citar dezenas de outros exemplos de empresas que encontraram seu caminho ao entender as necessidades de seus clientes e oferecer algo relevante e diferenciado. Isso demonstra como o mercado está repleto de oportunidades para quem consegue enxergar o que os consumidores realmente desejam e atender tais expectativas de maneira eficaz.

Com exemplos para se inspirar e as ferramentas aqui disponíveis, quero que você reserve um tempo antes de ir para o próximo capítulo, a fim de rabiscar algumas ideias. Qual é o seu posicionamento? Como você quer ser visto pelo público? Você tem os seus cinco elementos – oferta certa, cliente certo, hora certa, preço certo e canal certo – bem definidos? Qual é o seu grande diferencial? O que deve pautar seus próximos passos?

Quando essas respostas estiverem claras, você terá a certeza de que o pilar de estratégia e planejamento foi totalmente dominado e poderá usar essas respostas como norte para as suas decisões futuras. Com isso, é hora do próximo pilar.

VOU DEIXAR UM PRESENTE PARA VOCÊ: UM PDF COM A MATRIZ DE ESFORÇO E RESULTADO. ESCANEIE O QR CODE, BAIXE, IMPRIMA E FAÇA A ATIVIDADE PROPOSTA. VOCÊ PODE TER RESULTADOS SURPREENDENTES!

https://donosderestaurantes.com/ferramentaimpacto/

O SEGREDO PARA MANTER O FOCO E GARANTIR O SUCESSO A LONGO PRAZO MUITAS VEZES ESTÁ EM SABER DIZER MAIS "NÃO" DO QUE "SIM".

@MARCELOMARANIOFICIAL

6
ESQUEÇA A COZINHA, É HORA DE VENDER!

Boa comida não enche o caixa. É o diferencial competitivo que impulsiona o faturamento e mantém seu negócio saudável.

Acredito que todos concordam que quanto mais se vende, mais "fácil" é manter o negócio funcionando e operar um fluxo de caixa saudável. Aposto que você também sabe que todo o seu posicionamento e plano de negócios têm como foco boas vendas, para que o negócio possa prosperar. E, por isso, chegamos ao segundo pilar: **vendas e marketing**.

"Ah, Marcelo, eu não sou vendedor." É aí que você se engana. Todos somos vendedores, e a todo momento! Vendemos produtos e serviços para clientes, vendemos ideias para sócios, vendemos sugestões para amigos, vendemos a nós mesmos em relacionamentos. Fazer um bom marketing e saber vender faz parte do DNA empreendedor, e precisamos dominar essa ferramenta – assim como fizeram alguns dos meus mentorados.

Vou apresentar algumas histórias agora. Relatos de trajetórias que mudaram por completo quando os empreendedores entenderam a necessidade de ter um pilar de vendas e marketing sólido, bem-estruturado, com atenção total do dono. Quero que você se imagine no lugar dessas pessoas, que sonhe em alcançar os mesmos números que elas. Assim, quando chegarmos ao passo a passo para atingir tais resultados, você trilhará o caminho com força total. Vamos?

Marcus Vinicius é um cliente com negócios localizados fora dos grandes centros comerciais do Brasil. Seu restaurante não está em cidades como Rio de Janeiro, São Paulo ou Curitiba, mas sim no interior de Minas Gerais. Apesar disso, ele conseguiu algo impressionante: em um dia especial, atendeu mais de 3,5 mil clientes em seu restaurante, gerando um faturamento de centenas de milhares de reais em apenas vinte e quatro horas.

Esse número é surpreendente por si só, mas ainda mais impressionante se considerarmos que não estamos falando de São Paulo, o maior polo gastronômico do país. Mesmo na capital paulista, é raro encontrar um restaurante capaz de atender tanta gente ao mesmo tempo, e menos ainda de conseguir um faturamento dessa magnitude em um único dia. A história de Marcus Vinicius é uma prova de que, tendo um modelo de negócios bem ajustado, uma estratégia bem executada e uma operação eficiente, é possível alcançar resultados extraordinários.

No Norte do Brasil, na ilha do Mosqueiro, localizada próxima a Belém do Pará, dois dos meus clientes, Paulo e Sofia Louchart, conseguem algo notável: lotar um restaurante de praia, atraindo centenas de pessoas ao mesmo tempo. O mais interessante é que o público-alvo principal são famílias com crianças de até 12 anos, um segmento específico, mas a que eles conseguem atender com maestria. Graças a essa estratégia focada e um ambiente acolhedor, Paulo e Sofia conseguem gerar dezenas de milhares de reais em faturamento, mesmo estando longe dos grandes centros urbanos.

No Sul do Brasil, fora das grandes capitais, há um restaurante de delivery que tem chamado a atenção em todo o país: o Coisa Querida. Fundado e liderado pelo casal Paty e Guto, que fazem parte do meu grupo de mastermind, o restaurante tem como foco a comida afetiva, oferecendo refeições que trazem conforto e conexão emocional. Na minha visão, o que realmente diferencia o Coisa Querida no mercado são dois pilares: padronização e velocidade na entrega.

Essa fórmula de sucesso permite que, em um bom dia de vendas, o restaurante realize mais de 560 pedidos apenas no horário do almoço – e tudo isso operando a partir de uma única loja. Esse desempenho impressionante rendeu ao Coisa Querida o prêmio do iFood como o restaurante com o maior volume de entregas em toda a região Sul do Brasil no ano passado, superando inclusive alguns dos maiores estabelecimentos de três importantes capitais.

Vivendo em diferentes regiões do Brasil, com climas variados, culturas únicas e realidades econômicas distintas, o que esses empreendedores de sucesso têm em comum? Eles aprenderam a vender muito! E as vendas são o verdadeiro pulmão de qualquer negócio de alimentação. Para certificar-se disso, é só avaliar um elemento importante. Pense em todos os restaurantes que estão no mercado há muito tempo, crescendo e prosperando. Veja se algum deles tem um baixo volume de vendas. Certamente, você não vai encontrar um exemplo assim por um motivo óbvio. Para crescer e prosperar, é preciso resolver o problema do maior número de pessoas possível. E para resolver esses problemas, a solução é vender.

Mesmo com essa verdade tão clara, a maioria dos empresários do setor de alimentação e bebidas ainda não investe o tempo necessário para desenvolver suas habilidades e estratégias de vendas. E por que isso acontece? Há dois motivos principais: muitos acreditam que vender é algo complicado demais para aprender, ou simplesmente confiam que, ao abrir as portas com um bom produto e serviço, os clientes virão sozinhos.

Mas a realidade é que isso não acontece – e nunca vai acontecer. Em qualquer segmento, você, como empresário, precisa se dedicar ativamente a vender seu produto, seu serviço ou sua solução. Não basta apenas estar aberto e esperar que os resultados cheguem sem esforço.

Qual é o primeiro passo para vender muito no mercado de alimentação? Estar em movimento constante! Isso significa executar, testar, aprender, e, sim, até errar.

Encare o erro como aprendizado

Os erros fazem parte do processo de aprendizado. Muitas vezes, é a partir de um erro que você descobre a melhor estratégia de vendas que já aplicou na vida.

Se você ainda não consegue imaginar como um erro pode se transformar em um sucesso absoluto, quero compartilhar uma história que ficou muito famosa no setor de alimentação. O popular sistema de rodízio, hoje utilizado com sucesso em churrascarias, pizzarias e muitos outros negócios, na verdade nasceu de uma série de erros.

Em meados de 1965, Albino Ongaratto, dono de uma churrascaria em Jacupiranga, no Vale do Ribeira, enfrentava um verdadeiro caos diário em seu restaurante. O estabelecimento recebia muitos clientes, mas a operação não conseguia acompanhar o volume de pedidos. Os garçons, mal treinados e sobrecarregados, viviam confundindo os pratos. Quem pedia picanha, recebia filé. Quem queria linguiça, acabava com peixe. Quem desejava cupim, recebia costela. O resultado? Clientes famintos e frustrados, que, na maioria das vezes, desistiam e iam embora sem pagar.

Cansado de lidar com tantas reclamações e de dar bronca nos funcionários, Albino teve uma ideia brilhante: se adaptar ao caos. Em vez de tentar manter o sistema de pedidos tradicionais, ele orientou seus garçons a servirem todos os pratos a todos os clientes. Se alguém saísse da cozinha com picanha, deveria oferecê-la a todos que estivessem nas mesas. O mesmo com o peixe, a costela e qualquer outro prato. Assim, nasceu o sistema de rodízio.

Pagando um preço fixo, os clientes poderiam comer à vontade, escolhendo o que quisessem entre as opções servidas. A simplicidade e eficiência desse modelo tornaram o restaurante extremamente popular, espalhando-se rapidamente por todo o país. Hoje, grandes redes adotam o rodízio como uma de suas principais estratégias de atendimento, conquistando enorme sucesso.

O que começou como um problema operacional se transformou em um dos sistemas mais icônicos do setor de alimentação, mostrando que, muitas vezes, as maiores inovações (e vendas) surgem dos erros – desde que você esteja disposto a se adaptar e pensar de maneira criativa. O que podia ser um prejuízo se tornou uma grande fonte de renda!

Não se esqueça do seu posicionamento

Vamos retomar um ponto sobre o qual falamos anteriormente: a importância estratégica de trabalhar com um nicho, e de não ser generalista. Muitas pessoas, no anseio de aumentar as vendas, tomam uma decisão errada nesse ponto.

É essencial reconhecer o valor de focar um nicho específico no seu negócio. Quando você concentra sua energia e esforços em um único segmento, tem a oportunidade de ser o melhor naquilo que faz. Existe um princípio simples, mas muito poderoso: o que você foca, expande! No meu caso, o foco está na pizza. E é exatamente por isso que consigo criar diferentes soluções dentro desse nicho, sem precisar ficar reinventando ou adicionando novos produtos ao cardápio.

Uma vez escutei um ditado que fez muito sentido pra mim, e talvez também faça para você: "É melhor ser um tubarão em uma lagoa do que ser uma sardinha no oceano". E o que isso quer dizer? Que tentar vender tudo para todo mundo talvez não seja uma boa estratégia de diversificação. É provável que seja mais uma atitude desesperada.

"É MELHOR SER UM TUBARÃO EM UMA LAGOA DO QUE SER UMA SARDINHA NO OCEANO."

AL RIES

Quando pergunto para o empresário que resolveu vender sushi na pizzaria, ou quem sabe hambúrguer no restaurante de comida brasileira, o que o motivou a tomar essa decisão, quase sempre a resposta é: "Eu precisava aumentar as minhas vendas".

Mas eu posso garantir que o caminho correto não é esse.

É melhor você dominar um mercado de nicho, um mercado menor, do que ser apenas mais um no mercado. Basta olhar para os maiores restaurantes de cada segmento. Perceba que os líderes de mercado possuem um posicionamento bem definido, e é justamente esse foco que contribui de maneira significativa para o grande volume de vendas que eles acumulam. Esses tubarões têm clareza do público-alvo e da solução que eles oferecem, e essa é a chave do sucesso.

Portanto, observar o que as grandes marcas fazem no Brasil e ao redor do mundo pode ser uma poderosa fonte de aprendizado. Usar esses insights para inovar no seu próprio negócio é uma estratégia que pode acelerar o seu crescimento e destacar o seu negócio da concorrência – o que, por consequência, vai aumentar suas vendas!

Todo mundo é vendedor

Sabe aquele negócio que você mais admira? Domino's Pizza, McDonald's, Shake Shack, ou quem sabe os grandes restaurantes de chefs famosos? Eu posso garantir que um dia eles também começaram com a primeira venda. Isso mesmo, a venda de um único produto.

Os empreendedores que fundaram essas marcas em sua maioria não eram vendedores natos. Eles também precisaram executar rápido e aprender com os erros, a melhor escola. Como é quase impossível prever as falhas, o primeiro e o mais importante passo é executar. Acredite em mim: se você quer aprender a vender muito, o primeiro passo é começar a executar sistematicamente as estratégias de vendas que serão apresentadas ainda neste capítulo.

Antes mesmo do dia da inauguração da Francesinha Pizzeria, comecei a pensar: *Como vou vender o suficiente para pagar todas as contas e manter meu negócio de pé?* Eu já buscava formas de obter lucro a partir do primeiro mês. Essa deveria ser a referência para todos que empreendem. Naquele tempo, a minha preocupação era grande, afinal de contas, eu não tinha um ponto comercial de destaque; minha marca era nova, e as reservas financeiras para sustentar o negócio eram limitadas. Eu sabia que precisava vender muito desde o começo para garantir a sobrevivência da pizzaria.

Lembro-me bem do ano de 2011, quando comprei a pizzaria de um francês chamado Alex François. Ele me confidenciou que o maior faturamento mensal que conseguira, após seis meses de operação, foi de 16 mil reais. Para mim, esse valor era insuficiente para manter o restaurante funcionando e ainda me pagar como empresário e investidor. E havia outro fator importante: minha mãe era minha sócia na época. Isso exigia que o resultado operacional fosse ainda mais robusto para cobrir o custo de oportunidade de duas pessoas empreendendo no mesmo negócio.

Eu sabia que, se mantivesse o faturamento que o Alex tinha, o destino da pizzaria seria o mesmo – fechar as portas. Apesar do frio na barriga, mantive a fé de que poderia alcançar resultados significativamente melhores. Eu estava ciente de que precisava testar o mercado e, ao mesmo tempo, encontrar um caminho que mostrasse o verdadeiro potencial de crescimento do negócio para, enfim, gerar vendas.

Então resolvi listar os diferenciais competitivos do meu negócio, os maiores motivos pelos quais as pessoas deveriam escolher a minha pizzaria, e não as outras dezenas de concorrentes. Essa, sem dúvida alguma, deveria ser a maior preocupação de todo empresário que abre um negócio: conhecer a fundo o próprio diferencial competitivo, porque isso define a razão pela qual o negócio existe. Ter um diferencial competitivo é muito mais importante do que ter uma boa comida, acredite em mim! O seu diferencial competitivo será o grande argumento de vendas para os seus clientes.

Se você não tem um diferencial competitivo bem definido, nunca será um líder de mercado, pois ocupará um lugar vazio na cabeça do cliente. Por outro lado, se o cliente reconhece você como o melhor no seu posicionamento de mercado, seu empreendimento tem grandes chances de sucesso.

Depois de passar horas me convencendo de que o meu cliente tinha motivos suficientes para escolher o meu negócio, e não o do meu concorrente, fiquei pensando: *Como vou avisar a cidade inteira que eu estou abrindo um negócio que vai ter a melhor pizza da cidade?*

Eu ainda não sabia como vender o meu produto. A experiência que eu tinha era de ter trabalhado muitos anos como funcionário nos restaurantes do meu pai, e como lavador de pratos e garçom fora do Brasil. Eu nunca tinha sido dono. E quando você é dono, o jogo é outro. Você tem contas para pagar, tem funcionários para honrar o salário, tem compromissos que não acabam mais. E você só consegue honrar esses compromissos se conseguir vender e lucrar. Um negócio orientado a vendas tem muito mais chances de dar certo, de alcançar a prosperidade, do que um negócio que não tem esse foco.

No primeiro mês, fechei com um faturamento um pouco maior que 25 mil reais. Uau! Isso representava quase 60% a mais do que o recorde de faturamento do antigo dono, e logo no primeiro mês. Apesar de não ser um faturamento expressivo, isso me animou demais! O resultado me fez enxergar que, melhorando um pouco todos os dias, eu poderia faturar 30, 50, 100 mil reais, ou até muito mais que isso, se eu continuasse crescendo e aprendendo.

Eu entendi que, atuando no mesmo ponto comercial, com as mesmas condições de mercado, mas com um compromisso, dedicação e, sobretudo, com uma mentalidade diferente orientada a vendas, eu poderia conseguir resultados extraordinários!

Marketing hoje, vendas amanhã

Eu tenho certeza de que você trabalha demais. E que está preocupado com como continuar no jogo – ou melhor, como virar esse jogo de modo que você seja reconhecido, se sinta feliz e verdadeiramente bem-sucedido.

Só que, se você não aprender a vender, não vai chegar a lugar nenhum. Eu posso garantir que, mesmo tendo um excelente controle financeiro, um produto extraordinário e uma equipe bem treinada, se você não desenvolver a habilidade de vender, vai quebrar como quase todos os empresários que um dia abriram um restaurante.

Assim, a atitude mais importante a ser tomada de imediato é: esqueça a cozinha e aprenda a ser vendedor. Não perca nem mais um dia sem aplicar o que você está aprendendo neste livro, especialmente neste capítulo. Quando eu afirmo ser necessário sair da cozinha, eu quero dizer do caixa, do salão e de todos os lugares que roubam o seu tempo de pensar em como vender mais e fazer a sua empresa crescer. Você é o comandante desse barco, você é o líder!

Então, se ficar fazendo tarefas repetitivas, quem vai cuidar da inteligência e do crescimento do seu negócio?

Veja que os tempos mudaram. Hoje, é preciso que você vá até o seu cliente, ofereça os seus serviços e produtos. O consumidor precisa estar em contato com a marca durante o maior tempo possível.

No cenário competitivo atual, o marketing deixou de ser apenas uma ferramenta opcional para os restaurantes e se tornou uma necessidade estratégica. O marketing permite a criação de uma narrativa em torno da sua marca, estabelecendo um vínculo emocional com os consumidores. Isso não só ajuda a atrair novos clientes, mas também a fidelizar os atuais. Afinal, em um mercado no qual a concorrência é intensa, quem não aparece, desaparece.

No entanto, apenas investir em marketing não é o suficiente para construir um negócio sólido. Relacionamentos são fundamentais para o crescimento de qualquer restaurante. Para realmente se destacar e alcançar o sucesso, é necessário ir além das ferramentas de divulgação. É preciso se conectar com pessoas, desde seus clientes até outros empresários e fornecedores, formando uma rede de apoio que vai fortalecer o seu negócio ao longo do tempo.

Eu valorizo muito o empresário que constrói uma rede de relacionamentos. Isso é fundamental para vender mais. Quanto mais pessoas você conhece e quanto mais vínculos cria, mais chances tem de fazer negócios.

Quando eu tinha pouco mais de 20 anos, fui morar com um tio em Belo Horizonte. O tio Fernando foi um dos maiores vendedores que o Brasil já teve. Trabalhou de porta em porta no Ceasa, vendendo para grandes atacadistas, até chegar à posição de diretor comercial da Bombril. Tinha uma habilidade de comunicação de encher os olhos! Eu aprendi muito sobre relacionamentos comerciais nas conversas diárias que tínhamos, quando eu chegava do meu estágio. Lembro que eu costumava me sentar no chão do quarto dele e ficávamos horas conversando. Quase sempre, falando sobre relacionamento com clientes e a importância desse fundamento no crescimento e desenvolvimento de um negócio. Essa foi uma das minhas primeiras mentorias, em uma época em que tal termo nem era usado no Brasil...

Meu tio sempre deixava uma jantinha pronta no fogão. Ele era um excelente cozinheiro, e eu adorava a comida dele. O meu prato preferido era o mexidão – e só de falar nisso, já fico com água na boca, lembrando da comida afetiva que ele preparava especialmente para mim. Então, depois de montar o meu prato, eu corria para o quarto para ter minha "aula de vendas" com ele.

Em uma dessas conversas, ele me disse algo que nunca esqueci: "Marcelo, sabe por que me tornei um dos maiores vendedores da Bombril? Porque eu me importava com meus clientes como se fossem meus melhores amigos. Eu os visitava mesmo quando não tinha nada para vender naquela semana, quando eu sabia que o estoque deles estava cheio. Eu fazia questão de mostrar o quanto me importava com eles, o quanto esses relacionamentos significavam para mim. Eu me preocupava de verdade com cada um".

Naquele momento, confesso que não entendi completamente o poder dessa lição. Mas, com o tempo, percebi que se importar de verdade com os clientes cria vínculos profundos que acabam trazendo excelentes resultados para o negócio. Esse valor se tornou tão significativo para mim que, em todas as minhas empresas, o "se importar" não é apenas um conceito – está escrito nos manuais, nas paredes e, mais importante, no coração de todos os colaboradores.

Cuidar dos nossos clientes, investir em relacionamentos genuínos, é mais do que uma estratégia de vendas; é a base de qualquer negócio duradouro e bem-sucedido – e, muitas vezes, gera bem mais retorno do que panfletos e outdoors.

Depois que entendi o que o meu tio Fernando me ensinou, passei a ser um cara ainda mais influente, disposto a ajudar as pessoas, abrir as portas do meu negócio para parcerias, mesmo que no primeiro momento não me trouxessem lucros. E o que eu percebi é que, no médio e longo prazo, essa forma de pensar e de agir traz bons frutos.

Uma viagem de férias com os amigos pode se tornar uma excelente oportunidade de negócios para o seu restaurante. Veja bem... Há alguns anos, fiz uma viagem a Búzios para ir ao casamento de um grande amigo, o Rodrigo. Nessa oportunidade, durante um bate-papo descontraído com o Gustavo, que é outro amigo de muitos anos, ele me perguntou como eu poderia ajudá-lo a premiar os colaboradores dele, já que estávamos em tempos de pandemia e ele não poderia fazer uma festa.

O detalhe é que o Gustavo tinha nessa época quase setecentos funcionários. Foi então que sugeri um delivery especial, com mensagem de carinho e um serviço exclusivo e especial para atender a todos os funcionários. O resultado? Gustavo gostou da ideia e fechamos um negócio de mais de setecentas pizzas. Pensa em quantas oportunidades escondidas existiam nesse fechamento. Além de fazer uma venda de dezenas de milhares de reais, eu ainda consegui a oportunidade de servir centenas de pessoas que provavelmente nunca tinham pedido na minha pizzaria.

Dessas setecentas pessoas, mais da metade eram clientes novos aos quais eu tive a oportunidade de mostrar o meu produto, a qualidade do meu serviço, do tempo de entrega, da embalagem... E mais: pude fidelizar esses clientes através de um plano de fidelização. Percebe como, mesmo de férias, quando trabalhamos com a cabeça, conseguimos resultados bem melhores do que quando ficamos no operacional?

Quando Napoleon Hill, um escritor estadunidense, afirmou que "Quem pensa enriquece", ele estava certo. Cada vez mais, eu mostro isso aos meus mentoreados do DDR MASTER. Dentro do meu programa de aceleração de resultados, mostro a importância de sair do operacional e de estar no campo estratégico. O dinheiro está lá, e quando entendemos isso, tudo fica mais simples.

Quando criei o programa DDR MASTER, meu objetivo era claro: acelerar os resultados de faturamento, lucro e networking para donos de qualquer negócio de alimentação.

O programa tem a duração de um ano e pode ser renovado quantas vezes o mentorado desejar. Basicamente, o que fazemos é uma análise aprofundada do negócio de cada um. Feito o mapeamento inicial, encontramos oportunidades e alavancas de crescimento, dentro dos sete pilares que abordamos neste livro. Elaboramos maneiras de diminuir os impostos, cortar custos, aumentar o faturamento por meio do marketing, melhorar o atendimento e os processos do restaurante.

Tudo isso é feito com um acompanhamento meu e de mais doze mentores, liderados por mim. Os mentores que trabalham comigo são especialistas em determinados pilares, para garantir a cobertura de todas as áreas. Todos os meses temos encontros on-line, aplicação de ferramentas e estratégias para o crescimento e desenvolvimento. Ademais, temos também dois encontros presenciais durante o programa para estreitar os laços, fortalecer o ecossistema e estarmos juntos. No programa, premiamos todos os restaurantes que batem metas e evoluem. Hoje, são mais de trezentos restaurantes em quase todos os estados do Brasil.

Além do Gustavo, aproveitei a ideia, busquei outros amigos empresários, e fiz uma pré-venda de fim de ano de quase 1,5 mil pizzas no delivery. Apenas considerando três amigos empresários que adoraram a ideia de presentear os funcionários no fim de ano com uma bela pizza em família.

Entende a importância da sua rede de contatos e do ambiente em que vivemos? Será que, se eu tivesse apenas amigos leais, mas sem recursos financeiros ou uma mentalidade aberta para novos negócios, eu teria alcançado as oportunidades que se concretizaram? E se eu estivesse preso no balcão do meu restaurante ou na cozinha, sem tempo para viajar e participar daquele casamento, será que teria fechado as vendas que somaram quase 100 mil reais? Provavelmente não!

É exatamente por isso, líder, que insisto na importância de se distanciar do operacional e focar no estratégico, nas vendas. É no planejamento e na visão ampla que estão suas maiores recompensas, tanto financeiras quanto pessoais. Estar no campo tático permite criar conexões, abrir portas e enxergar oportunidades que nunca apareceriam se você estivesse atolado no dia a dia do negócio. Esse é o verdadeiro caminho para o crescimento e o sucesso em qualquer negócio. Esse é o marketing que gera vendas.

Para vender, encante quem compra

Na nova economia, considerando os novos modelos de negócios, nós precisamos estar mais perto dos nossos clientes, entender o comportamento deles, do que precisam e como podemos ajudá-los a resolver seus maiores problemas. E a grande verdade é que o perfil dos consumidores mudou demais, em especial porque eles passaram a expressar seus desejos e a exigir mais dos estabelecimentos. Com isso, o foco saiu da empresa e do produto e passou a estar no cliente – como já falamos.

E quais são as perguntas mais importantes a se fazer quando pensamos em vendas? Muito simples: é só manter o foco no cliente para descobrir isso. Faça a si mesmo perguntas como: o que os clientes querem comer? Quando querem? Em quanto tempo? O que é comodidade para o meu cliente? O que é valor para ele?

É importante entender o que o seu cliente quer. Não adianta tentar empurrar produtos "goela abaixo" com um discurso de vendas ultrapassado. É preciso ter planejamento e uma estratégia de vendas sólida para realmente entender os desejos e as necessidades do seu público.

Você já parou para pensar qual é o seu público atual e qual é o público que você gostaria de conquistar? Em outras palavras, qual tipo de cliente você quer que entre diariamente no seu restaurante e mantenha o lugar cheio, que faça pedidos no seu aplicativo de delivery a ponto de sobrecarregar a cozinha de tanto movimento?

Se você ainda não tem uma resposta clara para isso, é sinal de que precisa urgentemente fazer uma pesquisa de mercado. Essa é a chave para manter as portas abertas e, mais importante, lucrar de modo sustentável.

Com uma boa pesquisa, você pode identificar o perfil socioeconômico do seu cliente, entender seus hábitos, suas dores e suas expectativas. Isso lhe dará uma visão clara do que os clientes realmente esperam e permitirá que faça ajustes em sua estratégia e nas suas táticas de vendas – coisas que talvez nunca tivesse enxergado. E, claro, uma pesquisa bem-feita facilita o processo de fidelização, que é essencial para manter o negócio não só funcionando, mas também prosperando, com uma lucratividade alta e estável.

Você nem precisa contratar uma empresa para isso. Na minha jornada, em vários momentos em que decidi investigar e entender mais as preferências do meu público-alvo, eu fiz uma pesquisa usando papel e caneta, perguntando qual era o prato favorito do meu cliente, o que ele gostaria que tivesse no restaurante e que ainda não oferecíamos, qual tipo de entretenimento ele curtia ao ir a um restaurante, qual o melhor dia para ele frequentar o nosso restaurante e, inclusive, o que ele não gostava lá. As respostas muitas vezes são surpreendentes e ensinam muito. Eu convido você a fazer o mesmo exercício.

Você deve estar pensando que fazer uma pesquisa de mercado é difícil, caro e, na maioria das vezes, feito apenas por grandes redes, como McDonald's, Madero e Coco Bambu, certo? Errado, isso não é verdade. Realizar uma pesquisa de mercado pode ser muito mais simples do que você imagina. Vou mostrar um exemplo a seguir.

CUIDAR DOS NOSSOS CLIENTES, INVESTIR EM RELACIONAMENTOS GENUÍNOS, É MAIS DO QUE UMA ESTRATÉGIA DE VENDAS; É A BASE DE QUALQUER NEGÓCIO DURADOURO E BEM-SUCEDIDO.

@MARCELOMARANIOFICIAL

Conheça a concorrência

Quando eu estava estudando o tipo de público que queria atingir, comecei a observar o mercado e ver quais eram os *players* (outras pizzarias) que faziam exatamente a mesma coisa que eu queria fazer. Preste atenção nisso, líder! Essa é uma das coisas mais importantes para quem quer montar um novo negócio, ou mesmo para quem já tem um, mas quer evoluir o marketing e melhorar os resultados atuais. Essa técnica é uma das que ensino no meu grupo de mentoria, o DDR MASTER, quando trabalhamos na aceleração de vendas dos negócios dos meus clientes.

Quando estava planejando a Francesinha Pizzeria, o primeiro passo foi listar as dez melhores pizzarias do sudeste do Brasil que faziam exatamente o que eu queria realizar. Ao ler "as melhores", entenda que esse não era um conceito de "a melhor do mercado", ou "a mais premiada". O critério de escolha era meu, tendo como base o que eu considerava um modelo otimizado de negócios que pudesse servir como referência para mim.

Pense no seu modelo de negócio ideal. Se você trabalha com churrasco na *parrilla*, por exemplo, identifique os melhores restaurantes *parrilleros*, não só no Brasil, mas também no exterior – como na Argentina e no Uruguai, que são referências nesse estilo de gastronomia. E quando estiver fazendo isso, não veja somente os restaurantes que têm estrelas Michelin. Pense no modelo que você imagina que funcionaria muito bem no seu bairro ou na sua cidade. Um modelo que atenderia bem a demanda que você tem. Leve em conta o ambiente, o preço, o tipo de produto, o atendimento. Todos os elementos são importantes aqui.

Se o seu negócio é self-service, não busque referências unicamente na sua região. Pesquise quais são os melhores restaurantes nessa modalidade fora do seu mercado local. Busque referências de excelência em outras cidades ou até estados. Dessa forma, você pode absorver o que há de melhor no setor, adaptando e aprimorando essas ideias à sua própria realidade.

Essa prática de buscar referências fora do seu ambiente proporciona uma visão mais ampla do mercado, além de permitir que você crie algo diferenciado, com insights que os concorrentes locais ainda não enxergaram. Se você considerar referências apenas da sua cidade, corre o risco de nunca liderar o mercado – afinal de contas, você não vai ser pioneiro nem inovador. Portanto, pense fora da caixa.

Nesse processo de observação, eu listei as pizzarias que mais se destacavam em Minas Gerais, São Paulo e no Rio de Janeiro. Fiz várias visitas a esses estabelecimentos, conversei com gerentes, pizzaiolos, tentei entender quais eram as pizzas que mais vendiam na casa, os vinhos, as entradas. Perguntava quais eram os maiores problemas que eles tinham que enfrentar com os clientes, quais os desafios com os fornecedores. Eu fiz muito desse processo presencialmente, mas é bem possível realizar a mesma pesquisa on-line.

Nessas visitas, eu anotava o cardápio inteiro de todos os restaurantes e ainda tirava muitas fotos. Depois, comecei a cruzar as informações, o que dava certo em cada modelo, para entender se existiam pontos em comum nesses negócios. E acredite: esse exercício é transformador! Você começa a entender que o sucesso não é coincidência. Existem muitos pontos em comum que você pode trazer para a sua realidade, fazendo as devidas adaptações e adicionando a sua essência.

É claro que o processo de observar as melhores práticas do mercado não é uma técnica que eu inventei. Na verdade, isso já existe há muitos anos, e é conhecido como *benchmarking*. Philip Kotler, considerado o pai do marketing moderno, define o *benchmarking* como o processo de comparar práticas e desempenho da própria organização com os das organizações líderes na mesma indústria ou em indústrias diferentes, a fim de identificar áreas de melhoria e melhores práticas.

E não sou o único a usar essa ferramenta de maneira exaustiva para desenvolver e amadurecer negócios. Recentemente, enquanto estudava a biografia de Abilio Diniz, do grupo Pão de Açúcar, um dos empresários mais bem-sucedidos do Brasil, vi que ele afirmou ter criado muito pouco ao longo da sua carreira. O que ele mais fez foi observar e copiar. Segundo o próprio Abilio, quando ele tinha uma ideia muito disruptiva, mas sem mercados de referência para observar e aprender, simplesmente ignorava a ideia e partia para outra. A eficácia estava em seguir o que já funcionava.

Outro exemplo inspirador vem do livro *Sonho grande*, no qual três dos maiores bilionários do Brasil – Beto Sicupira, Jorge Paulo Lemann e Marcel Telles – contam que, quando compraram a Ambev, não entendiam nada sobre o mercado de cerveja. E o que fizeram para reverter isso? *Benchmarking*!

Eles viajaram o mundo, visitando as maiores cervejarias, estudando as melhores práticas e os processos produtivos mais eficientes. Dessa forma, aceleraram o aprendizado, reduziram os erros e, claro, alcançaram um enorme sucesso no negócio.

Esse processo de observar, aprender e adaptar é o que permite a muitos empresários não só sobreviver, mas prosperar em mercados competitivos. Em todos os negócios que lidero, eu pratico *benchmarking*. Uma das atividades que faço com frequência é viajar pelo mundo visitando restaurantes e entendendo o que eles fazem de mais incrível, a fim de que eu possa trazer esses pontos para a minha realidade. Eu visito pelo menos duzentos restaurantes por ano, e isso me proporciona um repertório gigante para criar, inovar e "copiar" tudo de bom que eles fazem.

Em uma dessas viagens, eu estava em Sidney, na Austrália. Meu irmão Alexandre morou lá por alguns anos, me convidou para passar um mês com ele, e eu decidi embarcar nessa aventura. Ele trabalhava como funcionário em bares e restaurantes. Já estava estabelecido, conhecia muita coisa, e resolveu me mostrar algumas delas. Fomos visitar uma pizzaria de renome.

(Muita gente me pergunta se eu não me canso de visitar restaurantes, se não estou enjoado de comer pizza, e a verdade é que não. Essa rotina se tornou parte importante da minha vida, e trabalhar com restaurantes me dá muito prazer e satisfação.)

Na visita que fizemos, eu vi que eles tinham uma seção especial de pizzas premium. O formato era quadrado, e as pizzas eram as melhores do cardápio. E sabe o que era mais interessante? Elas custavam 50% a mais que as outras. Então, eu anotei essa ideia e, logo que retornei ao Brasil, resolvi elaborar um novo mix de pizzas, para inserir a ideia das pizzas premium quadradas na minha pizzaria. Quer saber o resultado? Aumentamos em mais de 24% o nosso ticket médio com essa alteração simples, que praticamente não impactou em nada os nossos custos e muito menos a operação.

Quanto mais conhecer a concorrência, mais preparado para o mercado você estará.

Estratégias para gerar mais vendas no seu negócio

Existem três fatores que precisam ser observados para que possamos crescer e prosperar no mercado de alimentação no Brasil e no mundo:

1. Aumentar continuamente o fluxo de vendas;
2. Vender com mais eficiência;
3. Entregar cada vez mais valor ao cliente.

Sem esses pontos, dificilmente o seu negócio vai sobreviver e prosperar a longo prazo. Partindo para a prática, eu quero mostrar um modelo de vendas que eu chamo de CVI – Ciclo de Vendas Infinito. Tal estratégia contribui para alavancar os resultados do seu negócio.

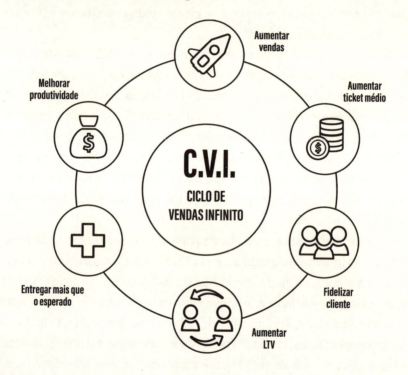

Aumentar as vendas

Muitos empresários ainda me perguntam: "Marani, eu devo fazer promoções para vender mais? Isso não vai desvalorizar a minha marca?". Eu entendo que a maioria dos empresários não teve uma base em vendas e marketing, contudo, em tempos desafiadores, a busca por informações de qualidade e direcionamento podem ajudar muito a trazer mais clareza, até para que a pergunta possa evoluir para algo como: "Marani, como eu posso fazer promoções sem desvalorizar a minha marca?". E é sobre isso que vamos falar agora.

Em primeiro lugar, promoção não necessariamente significa abaixar os preços. Promoção vem de "promover" algo. Philip Kotler define promoção como "o conjunto de atividades que comunicam os méritos de um produto e persuadem os clientes-alvo a comprá-lo". Então, para aumentar as vendas, eu preciso promover meus produtos e serviços, e uma das formas de fazer isso é aumentar a visibilidade da marca.

Ao entrar nesse assunto, quero contar uma história. Eu tenho um cliente chamado Fernando, que mora em São Paulo. Dentro do meu programa de mentoria, eu mostrei a ele como aumentar a visibilidade de marca – nesse caso, uma marca nova, que tinha acabado de abrir a primeira loja. Executando algumas estratégias que vou compartilhar com você, ele conseguiu multiplicar o faturamento em poucos meses, a ponto de formar filas de dezenas de pessoas na porta, dispostas a esperar horas para comprar o que ele tinha a oferecer.

Mas, afinal, como é possível gerar esse tipo de demanda e faturar centenas de milhares de reais em tão pouco tempo? Isso é resultado de uma combinação inteligente de estratégias de marketing.

Primeiro, uma das táticas mais eficazes é o uso de influenciadores digitais. Eles têm a capacidade de engajar grandes audiências de maneira autêntica e confiável, gerando um interesse imediato pelos produtos ou serviços oferecidos. Essa é uma maneira poderosa de aumentar a visibilidade do seu negócio rapidamente.

Tem quem acredite que é difícil encontrar influenciadores, mas isso é mais fácil do que você imagina. Um dos caminhos mais simples é observar quem já faz campanhas para os restaurantes da sua cidade. Além disso, é possível observar outros mercados, como lojas de roupas, de sapatos, de óculos e até de viagens. Quando selecionar alguns nomes, mande uma mensagem para todos eles solicitando um orçamento para fazer um trabalho com você.

Outra estratégia é investir em tecnologias de visibilidade, como o tráfego pago, que permite segmentar anúncios para públicos específicos. Com isso, você aumenta as chances de conversão e direciona seus esforços de marketing para quem tem maior potencial de compra.

Foi exatamente isto que o Fernando fez: testou, ajustou e refinou essas estratégias ao longo do tempo, até conseguir escalar os resultados de maneira rápida e surpreendente.

Contudo, existem outras formas de aumentar as vendas: você pode lançar um novo menu, diversificar seu mix de produtos, divulgar novas opções de serviços e entretenimentos, pode lançar campanhas de aquisição de novos clientes com vouchers, ou quem sabe programas de parcerias estratégicas para impulsionar o crescimento sustentável.

Não existe "bala de prata". O milagre do seu negócio é você. Portanto, você deve testar e empilhar estratégias que funcionam, para dessa forma criar resultados significativos no aumento das vendas ao longo do tempo.

Aumentar o ticket médio

Você pode aumentar o seu faturamento sem necessariamente atender mais clientes do que já atende hoje. Para isso, é fundamental implementar estratégias que incentivem os clientes a gastarem mais a cada visita ou a cada pedido pelo delivery. Uma abordagem eficaz é a oferta de combos e pratos especiais combinados com a venda de adicionais. Essa é uma forma, inclusive, de criar uma experiência gastronômica mais completa e mais interessante.

Uma outra técnica é o *upsell*, no qual os vendedores são treinados para sugerir pratos e bebidas com maior valor agregado, como vinhos de melhor qualidade, sobremesas exclusivas, ou mesmo produtos em versões maiores, com maior quantidade. Além disso, a introdução de menus limitados, ou quem sabe menus de degustação, pode estimular os clientes a experimentarem pratos de valor mais alto.

O *cross-sell* também pode ser aplicado para aumentar o ticket médio. Sabe quando você chega no Habib's e a atendente pergunta se quer levar um doce por apenas mais 5 reais? Nada é por acaso, tudo é estratégia. Nesse caso, é uma estratégia de vender mais um produto para você. Isso pode ser feito no atendimento presencial, com a venda de entradas, petiscos, café, licores, vinhos e sobremesas, ou pode ser executado no delivery, quando o cliente pede o produto principal e você pergunta: "Já tem refrigerante em casa?". Ou, quem sabe, "Aceita um brownie por 10 reais a mais?".

Aliás, isso pode ser configurado no seu iFood, no seu cardápio digital ou em qualquer marketplace de delivery. Quando o cliente seleciona um produto, como uma pizza, você coloca um campo para que ele escolha se a borda é de catupiry, de cheddar ou se ele não quer o adicional. Isso incentiva a compra por impulso e faz com que o seu faturamento aumente instantaneamente, sem que você precise ter mais clientes para isso.

A verdade é que essas estratégias, quando bem executadas, não apenas aumentam o ticket médio como melhoram a experiência do cliente, promovendo maior satisfação e fidelidade.

Fidelizar o cliente

Aqui existe uma oportunidade de ouro no mercado de alimentação. Em 2007, eu defendi uma tese de mestrado e consegui comprovar, através de um estudo científico, que 70% dos donos de deliveries não faziam qualquer estratégia de fidelização. E o mais surpreendente é que, quase vinte anos depois, o mercado evoluiu muito pouco nesse quesito. Observe quando você vai a um restaurante ou quando pede pelo delivery. Raramente receberá a oportunidade de participar de um clube de vantagens ou um incentivo para recompra.

E isso é um absurdo. Veja o quanto outros mercados olham para isso. Certa vez, viajei para Belém do Pará para fazer um treinamento presencial. Chegando no aeroporto, me dirigi à fila da companhia aérea Azul. Lá, eles me chamaram de cliente diamante. Logo quando cheguei para despachar as malas, havia uma fila exclusiva para mim, com menos da metade das pessoas de uma fila comum. Além disso, eu podia despachar três malas como cortesia. Quem não é diamante, paga em média 150 reais para despachar cada mala.

Após o despache, a atendente colocou uma etiqueta de prioridade na minha mala, ou seja, eu preciso esperar menos tempo no desembarque, porque a minha mala sempre chega primeiro. No check-in, eu ganhei um assento conforto, com mais espaço para as pernas, e ainda uma sala de espera especial, com bebida e comida de graça. Por fim, eu posso viajar uma vez por ano de graça. Nem preciso dizer como sou fiel à companhia, né?

Sério que você não faz nada pelos seus melhores clientes? Você só pode estar brincando!

Se essa pergunta o deixou desconfortável, não se preocupe. A maioria dos donos de restaurantes também perde essa grande oportunidade de conquistar a lealdade dos clientes – muitos sequer percebem que tal chance existe ou fingem que isso não faz tanta diferença assim.

Mas acredite: faz toda a diferença! Se você não está cuidando dos seus clientes mais fiéis, está deixando dinheiro na mesa e abrindo espaço para que a concorrência os conquiste.

Eu me lembro de uma tarefa que dei para o meu grupo de mentoria há algum tempo. Eles precisavam identificar os cinquenta melhores clientes no delivery, reconhecê-los através de uma mensagem de carinho, e premiá-los com algo que os fizesse sentir especiais. Essa atividade gerou alguns insights importantes.

Um grande amigo, que também faz parte do meu grupo de clientes especiais, o Erik Momo, nos contou que, extraindo o relatório de vendas anuais, descobriu que um cliente havia comprado mais de 27 mil reais em pizza, e isso gerou até uma brincadeira interna. A gente conta que o cliente tinha gastado um "celtinha" em pizza, e não havia recebido nenhuma vantagem ou reconhecimento por isso. Imagine quantos Celtas, Unos, Palios e até Corolas já foram gastos em restaurantes que nunca souberam quem são esses clientes?

O autor David Aaker destaca que os clientes leais fazem mais do que aumentar as vendas; eles atuam como defensores da marca, contribuindo para uma imagem positiva e atraindo novos clientes. Ele afirma ainda que programas de fidelidade bem estruturados podem fortalecer a relação com o cliente, aumentar a confiança e a satisfação deles e, consequentemente, melhorar a competitividade da empresa. Ou seja, um bom programa de fidelização de clientes em bares, restaurantes e deliveries pode contribuir significativamente para o aumento do faturamento, das vendas e até para o valor da marca.

Um outro fator importante da fidelização é a melhora significativa na rentabilidade do negócio. O autor Philip Kotler afirma que "reter clientes é mais econômico do que conquistar novos, já que o custo de aquisição de novos clientes pode ser até cinco vezes maior do que o custo de retenção dos atuais".

Pessoalmente, eu posso garantir que fidelizar vale a pena. Eu trabalho de modo consistente com programas de fidelização nos meus restaurantes há mais de dez anos, e os resultados são excelentes. Inclusive, chegou a hora de colocar a mão na massa e criar o seu!

Aumentar o LTV

Ainda pouco discutido no setor gastronômico, o conceito de *lifetime value* (LTV) é uma métrica poderosa que pode transformar a forma como você enxerga o valor dos seus clientes. O LTV representa o valor total que um cliente gera para o seu negócio ao longo de todo o relacionamento com o restaurante. Em termos simples, pense naquele cliente que frequenta o seu estabelecimento há três anos, comprando em média uma vez por mês. Isso significa que ele já fez por volta de 36 compras. Quanto ele gastou no total? Isso é o LTV.

Agora, pense além dos números. Quantas histórias você já ouviu dos seus clientes? Muitos compartilham momentos especiais que viveram no seu restaurante – o primeiro beijo, o pedido de casamento, o primeiro copo de cerveja. Imagine o valor emocional que o seu empreendimento tem na vida dessas pessoas. Mais do que isso, imagine quantos anos elas podem passar com você, trazendo familiares, amigos e colegas, deixando verdadeiras fortunas ao longo do tempo. Esse é o verdadeiro LTV: não apenas o valor financeiro, mas também o impacto duradouro que você cria.

Mas para ter um LTV alto, é preciso mais do que apenas esperar. É preciso cuidar e ser intencional. E aqui surge uma pergunta crucial: por quanto tempo, em média, você consegue reter um cliente no seu restaurante? Se ainda não sabe, comece a pensar nisso.

Frederick Reichheld escreveu um artigo publicado na *Harvard Business Review* dizendo que aumentar a retenção de clientes em 5% pode resultar em um aumento de 25% a 95% nos lucros. Percebe a importância disso? Parece interessante, não é? Mas como fazer isso?

Para aumentar o LTV, você pode adotar várias estratégias. Primeiro, oferecer programas de fidelidade para que os clientes retornem mais vezes. Segundo, personalizar a experiência do cliente com base em seus hábitos de consumo e preferências. Em terceiro, flexibilizar opções, tornando o cliente o ator principal do seu restaurante. Em último lugar, proporcionar um excelente atendimento, com funcionários bem treinados e um ambiente acolhedor. Isso também é essencial para manter os clientes sempre presentes e leais.

Entregar mais do que o esperado

A expectativa do cliente ao buscar um restaurante muitas vezes é o que define suas percepções de custo e benefício. E o mais interessante é que essa expectativa pode variar dependendo da ocasião.

Pense, por exemplo, em um torcedor do Flamengo que acaba de sair do Maracanã e procura uma pizzaria nas proximidades. Qual seria a expectativa dele? Uma pizzaria com poltronas confortáveis, guardanapos de pano e talheres sofisticados? Ou uma pizza quentinha, com um bom custo, embalada de maneira higiênica, que transmita confiança? Provavelmente, a segunda opção.

Agora, imagine esse mesmo cliente, saindo de casa com a esposa para comemorar o aniversário dela. A expectativa seria a mesma? Ele teria a mesma tolerância e nível de exigência em relação ao cuidado no atendimento e à experiência oferecida? Claro que não! As expectativas mudam conforme o contexto, e cabe ao restaurante entender essas nuances para entregar o que o cliente realmente deseja em cada situação.

Existe um conceito chamado *overdelivery* que, quando bem aplicado, surpreende e encanta os consumidores. Significa entregar mais do que o seu cliente espera. Sempre. E isso é mais simples do que você imagina.

O autor Seth Godin, no livro *A vaca roxa*, afirma que, em um mercado saturado, entregar mais do que o cliente espera pode criar uma conexão emocional com potencial de transformar cada pessoa em um verdadeiro embaixador da sua marca.

Pense no exemplo anterior, o torcedor que busca uma pizza no pós-jogo. Já imaginou se, quando encontrasse uma simples pizzaria de esquina, esse cliente fosse recebido com um sorriso e um cumprimento de boa-noite? Vamos além: e se depois que indicasse o sabor marguerita como favorito, o atendente prometesse a pizza em quinze minutos, mas entregasse em dez? Além disso, e se o cliente recebesse como cortesia um refrigerante geladinho? Qual seria a percepção dele? Certamente, um sentimento de reciprocidade gigante, um coração quentinho como a pizza que ele acabara de receber.

Da mesma forma, imagine se quando ele busca um lugar para comemorar com a esposa, além de uma mesa confortável, a pizzaria oferecesse uma sobremesa de cortesia para a aniversariante, acompanhada de uma vela e dos colaboradores cantando parabéns ao fim do jantar?

Isso é entregar mais do que o cliente espera. É surpreender e encantar, aumentando a percepção de custo-benefício.

E aí eu pergunto: o que você está fazendo a mais do que o seu cliente espera? Se ainda não tem essa resposta, pense nisso e aja logo. Você está perdendo uma excelente oportunidade de fazer com que os seus clientes virem fãs da sua marca.

Melhorar a produtividade

Não basta vender mais; você precisa aprender a vender melhor, e para isso é necessário melhorar a produtividade.

Muitas vezes vejo restaurantes querendo vender simplesmente levantando a porta do estabelecimento e esperando o cliente entrar. Quando o consumidor finalmente entra, não tem um direcionamento do que é mais lucrativo, do que vai deixá-lo mais feliz e satisfeito etc. Isso traz uma ineficiência operacional gigante, fazendo com que a venda seja onerosa e, mais que isso, fazendo com que nem sempre o seu cliente saia feliz.

Hoje existem tecnologias e inovações que ajudam a medir o custo de aquisição de cada consumidor, para que você saiba efetivamente quanto gastou para trazer cada cliente até o seu estabelecimento. Além disso, você pode usar inteligência artificial para conhecer melhor o seu cliente, saber se é a primeira vez dele no restaurante, como ele ficou sabendo do seu negócio, o que mais agradou, o que poderia ser melhor. Dessa forma, conseguirá direcionar suas ações para ser cada vez melhor.

Equipamentos como totens de autoatendimento, automações em redes sociais, sistemas para reserva de mesas e atendimento no delivery, além de softwares especializados, podem transformar a operação de um restaurante, reduzindo custos e aumentando a rentabilidade. Um bom exemplo é a captura de dados das vendas no Facebook e Instagram para criar campanhas "similares", que alcançam um público com perfil semelhante. Essa estratégia é especialmente valiosa para negócios que já possuem um bom volume de vendas, mas enfrentam dificuldades para equilibrar custos e despesas. No final das contas, a eficiência começa na venda: é ela que sustenta a saúde financeira e garante o crescimento do negócio.

Você se lembra de quando eu disse que o meu desejo era ver você colocar os ensinamentos desse livro em prática? Pois não perca mais tempo. O pilar de vendas e marketing, quando bem montado, vai mudar totalmente os rumos do seu negócio, além de trazer mais folga para o seu fluxo de caixa e, portanto, mais dinheiro para o seu bolso.

No próximo capítulo, vamos falar de gestão financeira, para conseguir organizar todo esse dinheiro que vai entrar, referente às suas vendas. Vamos nessa?

SE O SEU RESTAURANTE NÃO VENDE, A CULPA NÃO É DA CRISE, DO GOVERNO OU DA CONCORRÊNCIA. A CULPA É SUA.

@MARCELOMARANIOFICIAL

7
NÃO FAÇA DO SEU NEGÓCIO UM BALDE FURADO

Todo restaurante deve ter como foco principal o lucro. Todos os outros motivos podem existir, mas são secundários. Restaurante é um negócio e ponto-final.

Este capítulo está diretamente ligado aos anteriores. Afinal, falaremos de **gestão financeira**, e essa é uma parte imprescindível de uma boa estratégia, assim como uma consequência das vendas, concorda? Mas decidi trabalhá-los separadamente, para que possamos nos aprofundar nos detalhes e nuances de cada pilar.

Negócios fecham quando ficam sem dinheiro. Então, para evitar o fracasso do seu grande sonho, a chave é sempre ter dinheiro no caixa. Simples? Sim. Fácil? Nem um pouco. Possível? Com toda certeza, principalmente quando esse pilar é estruturado junto aos anteriores, fazendo parte da sua estratégia de negócio, do seu posicionamento como marca, e alinhado a um bom número de vendas.

Mais fácil falar do que fazer

Já era tarde da noite quando recebi a mensagem de um cliente que fazia parte de um grupo de mentoria. De maneira simples e direta, ele me pediu para falar por alguns minutos pelo telefone. Como eu estava disponível naquele momento, não hesitei em fazer a ligação e entender qual era o problema que ele tentava resolver.

"Marani, acabou o meu dinheiro. Já gastei tudo o que eu tinha disponível, antecipei cartões, usei o cheque especial e, mesmo assim, não consegui honrar todos os compromissos. Para piorar, não tenho mais crédito bancário. O que eu faço agora?"

Problemas como esse são bem mais comuns do que você imagina. A maioria dos empresários, quando vai montar ou ampliar seus negócios, ou mesmo quando está prestes a fazer um investimento, se esquece de olhar para o caixa. E mesmo que a empresa esteja indo bem, como era o caso desse meu cliente, uma ação mal planejada pode colocar tudo, ou quase tudo, em risco.

Muitas vezes você atravessa momentos de dificuldade no seu negócio. Passa por meses ruins de venda, por reformas na rua que impedem as pessoas de chegarem até o seu estabelecimento, passa por alguma sazonalidade ou até, de maneira mais aguda, por uma pandemia. Tudo isso pode trazer sérios prejuízos. Mesmo assim, é possível continuar operando. Porque prejuízo não quebra um negócio. O que quebra um negócio é a falta de caixa.

Falo isso com propriedade, porque ao longo dos meus mais de vinte e cinco anos trabalhando com restaurantes, e mais de catorze como dono, já vi e vivi isso na pele diversas vezes. O empresário que nunca teve prejuízos não sabe o que é gerenciar de verdade. Até porque gerenciar no lucro é fácil. Saber trabalhar no prejuízo é outra coisa... Agora, fazer gestão sem caixa é impossível no médio e longo prazo.

O caminho natural quando isso acontece é a falência, o temido fim sobre o qual já falamos tanto. Isso porque o crédito é finito. Muitas vezes, quando você se encontra sem caixa, pode antecipar recebíveis, conseguir mais empréstimos, injetar dinheiro pessoal, mas se todo esse ecossistema não for bem gerenciado, e se o negócio não voltar a dar lucro, o caixa vai ser minado, a energia vai acabar, você vai se cansar e, certamente, o restaurante vai quebrar.

A maneira mais eficiente que eu conheço de construir um negócio milionário é sendo excelente em vendas e controlando bem os recursos. E isso vai exigir que você controle custos e despesas, que entenda e verifique os processos de compras, de produção e de vendas, para garantir que os riscos estão sendo minimizados. Ou seja, você vai ter que praticar uma boa gerência financeira.

Como fazer uma boa gestão financeira?

A seguir, compartilho com você alguns passos essenciais, provenientes dos erros mais comuns na gestão financeira de qualquer negócio de alimentação. Entendendo e aplicando os conhecimentos adequados para não os cometer esses erros, suas chances de prosperar aumentarão consideravelmente.

Mantenha um controle rigoroso do fluxo de caixa

Muitos empresários acreditam que, se o restaurante é lucrativo, não há motivo para se preocupar. No entanto, lucratividade não garante liquidez. A falta de controle adequado do fluxo de caixa pode resultar em surpresas desagradáveis, como não ter dinheiro suficiente para cobrir despesas operacionais, tal qual o pagamento de fornecedores ou funcionários. Isso, por sua vez, pode comprometer o fornecimento de matéria-prima e de serviços essenciais, colocando em risco a continuidade do negócio.

Imagine, por exemplo, uma noite movimentada em que as vendas são altas, mas você descobre que não tem como pagar os fornecedores no dia seguinte. O fluxo de caixa não é apenas um reflexo do lucro; é a linha de vida do seu restaurante. Sem um controle eficaz, mesmo os estabelecimentos mais prósperos podem encontrar-se em apuros financeiros, resultando em decisões precipitadas que podem levar ao fechamento das portas.

Conselho profissional: utilize um software para fazer a gestão do caixa e tenha uma pessoa dedicada exclusivamente a fazer a gestão financeira sob a sua supervisão.

Atenção para precificar corretamente

Definir os preços dos seus produtos sem considerar todos os custos envolvidos, tanto os diretos quanto os indiretos, além da margem de lucro desejada, pode ser um erro fatal para qualquer negócio de alimentação. Quando isso acontece, você cria um inimigo invisível, que age silenciosamente no dia a dia, corroendo as suas margens de lucro e colocando em risco o sucesso do restaurante.

Esse "inimigo" surge quando os preços estabelecidos não cobrem todas as despesas – desde os ingredientes e o pagamento da equipe até os custos indiretos, como contas de energia, aluguel e manutenção do equipamento. Muitos donos de restaurantes se concentram apenas nos valores mais visíveis, como os insumos dos pratos, e ignoram os pequenos gastos que, acumulados, têm um impacto gigantesco na conta final. Esse tipo de descuido pode parecer insignificante no início, mas, ao longo do tempo, é capaz de minar a saúde financeira do negócio.

Além disso, quando você não leva em conta a margem de lucro desejada, acaba deixando de lado uma parte essencial do planejamento. O preço correto não é apenas aquele que cobre os custos; ele precisa garantir que o seu negócio gere lucro suficiente para se sustentar, crescer e enfrentar eventuais imprevistos. Isso envolve olhar para o cenário completo e evitar a armadilha de definir preços baixos demais, que podem atrair clientes no curto prazo, mas condenam o seu restaurante no longo prazo.

Conselho profissional: dedique um bom tempo nesse estudo de precificação. Utilize estratégia para aumentar o volume e a margem de contribuição. A precificação nunca deve ser feita tomando como base somente o estudo da concorrência, ou simplesmente usando um fator de multiplicação, sem considerar os custos e as despesas do negócio.

Controle o seu estoque

Muitos donos de restaurantes acreditam que o maior vilão do seu fluxo de caixa são os preços altos dos insumos, as taxas e os impostos. Embora isso também tenha relevância, existe uma área que muitas vezes passa despercebida: o controle de estoque. Quando você deixa de monitorar corretamente o estoque, abre as portas para problemas sérios como desperdício, roubo e ineficiência no uso de recursos. E o pior é que essas perdas são muitas vezes quase invisíveis. No dia a dia, você pode nem perceber o impacto que isso está causando, mas a médio e longo prazo, essas falhas podem detonar os lucros.

Assim, controlar o estoque é fundamental para a sustentabilidade de qualquer restaurante. Saber exatamente o que entra, o que sai e quanto está sendo utilizado permite reduzir o desperdício, otimizar os recursos e aumentar a eficiência. Isso ajuda a reduzir custos desnecessários e a garantir que seu negócio tenha uma base sólida para crescer de maneira sustentável.

Conselho profissional: inicie organizando visualmente o seu estoque. Depois de organizado, comece a contar todas as semanas, sempre no mesmo dia e horário. Exemplo: todo domingo, depois do expediente. Use um software para dar entrada e saída nas mercadorias e tenha uma única pessoa de confiança com acesso ao estoque. Lembre-se de que o estoque é a caixa-forte do seu restaurante e, por isso, ele deve permanecer trancado e monitorado.

PREJUÍZO NÃO QUEBRA UM NEGÓCIO. O QUE QUEBRA UM NEGÓCIO É A FALTA DE CAIXA.

@MARCELOMARANIOFICIAL

Nunca ignore indicadores de desempenho financeiro

Quando você não acompanha os indicadores-chave do negócio, como margem de lucro, custo de mercadorias vendidas (CMV) e despesas operacionais, dificilmente consegue entender onde está o problema e as oportunidades de melhoria.

Mas só entender onde estão os problemas e as oportunidades não é uma garantia de sucesso. Os resultados vêm das ações tomadas a partir das análises das informações levantadas periodicamente. É comum ouvir de alguns empresários que eles não têm tempo nem as informações necessárias para essa tomada de decisão – e isso é um alerta importante.

Como já vimos, o empresário deveria passar a maior parte do seu tempo cuidando da parte estratégica do negócio, e uma função importante é cuidar dos indicadores de performance. Para aqueles que ainda não têm esses indicadores, uma tarefa importante é elaborá-los. É preciso focar o que mais traz resultados para o negócio.

Conselho profissional: defina os indicadores mais importantes para o seu negócio e monitore-os periodicamente. Crie um quadro de "gestão à vista" e exiba esses indicadores para suas lideranças. Faça reuniões estratégicas para otimização dos dados e crie metas para conseguir conquistar bons resultados.

Dedique-se ao seu planejamento financeiro

Falta de planejamento financeiro é um dos erros mais críticos que um proprietário de restaurante pode cometer. Embora o otimismo seja uma qualidade admirável entre os grandes empresários, é igualmente importante ter uma abordagem prudente e estratégica. Afinal, confiar apenas na sorte não é sustentável.

Um planejamento financeiro robusto é a espinha dorsal de qualquer negócio saudável. Isso significa estabelecer um orçamento claro, definir metas financeiras e criar um fundo de reserva. Ter um plano de contingência para situações inesperadas, como uma queda nas vendas ou um aumento repentino nos custos, é o que pode fazer a diferença entre a sobrevivência e o fechamento das portas do seu restaurante em tempos difíceis. Um bom planejamento não só protege seu negócio como lhe dá a confiança necessária para agir de maneira decisiva quando os desafios surgirem.

Além disso, o planejamento financeiro ajuda a manter a tranquilidade e a mente sã. Saber que você tem um fundo de emergência para cobrir despesas inesperadas proporciona segurança para todos que fazem parte do empreendimento. Isso é refletido no atendimento e na experiência do cliente, pois um proprietário tranquilo é capaz de tomar decisões mais claras e eficazes e, com isso, transmitir calma à equipe.

Em suma, um planejamento financeiro sólido não é só uma boa prática; é um elemento essencial para a longevidade e o sucesso do seu restaurante.

Conselho profissional: faça um planejamento orçamentário anual, acompanhe semanalmente o seu fluxo de caixa e tenha um DRE com o resultado operacional todos os meses. Se possível, busque ajuda especializada em mentorias e consultorias financeiras. Há alguns anos, esse é um dos principais problemas que resolvemos no DDR MASTER, o meu grupo de aceleração de resultados.

Separe o dinheiro da pessoa física do da pessoa jurídica, sempre!

Esse erro é o mais comum e talvez o que traz consequências mais severas à saúde do negócio. Como a maioria dos restaurantes começa muito pequeno, é recorrente que o dono comece a pagar as despesas pessoais com o dinheiro da empresa. Porém, isso causa um impacto negativo na pessoa jurídica. Fica a impressão de que, mesmo que a empresa tenha um bom resultado, o dinheiro nunca aparece, nunca "sobra". E isso acontece porque, na verdade, houve a distribuição de lucro antes mesmo de ele ter sido apurado.

Nos nossos programas de mentoria, já ajudamos empresários a detectarem que poderiam estar apurando 30, 40 mil reais de lucro, que não aparecia nos indicadores porque já haviam sido gastos com despesas pessoais. É importante entender que o seu restaurante não é um caixa eletrônico, ou seja, você não deve sangrá-lo para honrar suas despesas pessoais. Não é o seu negócio que precisa se adaptar às suas despesas pessoais. É você quem deve se adequar ao pró-labore que o seu negócio pode pagar.

Conselho profissional: tenha bons controles, nunca utilize cartão ou conta pessoal para pagar contas da empresa, nem vice-versa. Tenha um pró-labore mensal e faça a distribuição de lucros em tempos determinados, para que você possa administrar os seus recursos pessoais e empresariais com atenção rigorosa.

Certa vez, fui à cidade de Salvador, na Bahia, para fazer um treinamento com mais de duzentos empresários. Discutindo sobre gestão financeira, um dos participantes levantou a mão e pediu uma ajuda. Ele disse: "Marani, meu negócio faz um bom volume de vendas. Em média, vendemos mais de meio milhão de reais por mês. Mas eu não consigo ver a cor do dinheiro. Como posso saber exatamente para onde o meu dinheiro está indo?".

Isso é o que eu chamo de "balde furado". E existem mais baldes furados do que você consegue imaginar. Certamente, vender é o fundamento mais importante de qualquer negócio. Sem ter uma escala em vendas, dificilmente você vai construir um negócio milionário. Contudo, eu considero que as vendas sejam como o ataque de um time de futebol. Para ganhar o jogo, é preciso fazer gols. Entretanto, se você leva mais gols do que faz, vai acabar perdendo o jogo.

Assim, eu considero que a gestão financeira é a defesa de um time de futebol. Você precisa proteger o seu time. Precisa ter uma estratégia para tomar o menor número de gols possível para, dessa forma, conseguir ganhar o jogo – e se possível, de goleada.

Um dos fatores que mais afetam o resultado operacional de restaurantes que já têm um bom faturamento, mas que ainda não conseguem ter lucro, é o CMV – assunto sobre o qual falaremos a seguir.

O indicador da saúde financeira do seu restaurante

O Custo da Mercadoria Vendida (CMV) considera todos os insumos que você gasta para produzir os produtos que serão vendidos aos clientes. Ademais, se você vende industrializados prontos, como refrigerantes, cervejas, sorvetes, entre outros, eles também entram na conta.

É fundamental para a saúde financeira de qualquer restaurante ter um controle rigoroso sobre o CMV. Quanto mais eficiente for a organização desse custo, maior será a margem de lucro do restaurante. No entanto, esse controle exige atenção a diversos detalhes operacionais que, se negligenciados, podem levar a perdas significativas e ao comprometimento de resultados. Vamos explorar algumas áreas críticas que, se bem gerenciadas, podem reduzir o CMV e garantir que seu restaurante seja mais competitivo e lucrativo.

Um dos maiores vilões está no processo de compras. A falta de cotações regulares e de bons fornecedores, por exemplo, pode fazer com que o restaurante pague mais caro do que deveria pelos mesmos produtos. A pressa é outra inimiga aqui: deixar para fazer as compras na última hora, sem planejamento, limita as opções e impede negociações melhores. A solução? Manter uma relação estreita com fornecedores confiáveis e sempre comparar preços. Isso garante que você sempre adquira produtos de qualidade ao melhor preço possível, o que traduz diretamente em uma redução do CMV.

Outro ponto crítico é o recebimento de mercadorias. Muitas vezes, o descontrole começa nesse momento. Se não houver uma conferência rigorosa do que é recebido, verificando quantidades e pesos, o restaurante pode pagar por mais do que de fato recebeu. Além disso, uma inspeção atenta pode evitar que mercadorias de baixa qualidade entrem na cozinha. Por isso, não subestime a importância de pesar os itens e de verificar se tudo está de acordo com o pedido. Esse controle garante que o que foi comprado é exatamente o que está sendo recebido, evitando surpresas desagradáveis no fechamento do mês.

O armazenamento adequado também é essencial para um bom controle do CMV. Além de evitar furtos, que são uma preocupação constante, é crucial organizar o estoque de maneira eficiente, priorizando a rotatividade de produtos e controlando as datas de validade. O desperdício causado por mercadorias vencidas ou mal armazenadas pode corroer os lucros de maneira sorrateira. A gestão de estoque inteligente, com uma administração rigorosa que favoreça o uso dos produtos antes que percam a validade, contribui significativamente para a redução de custos e o aumento da lucratividade.

Por fim, a produção dentro da cozinha é onde o controle do CMV pode facilmente escapar. Quando não há uma padronização clara dos pratos, com fichas técnicas detalhadas e seguidas à risca, as porções podem acabar sendo exageradas. O resultado é uma perda invisível que, no longo prazo, pesa no bolso do restaurante. Se os funcionários não estão utilizando a quantidade exata de ingredientes definida, os custos fogem ao controle, e o impacto pode ser devastador. Por isso, padronizar as receitas, controlar os porcionamentos e monitorar de perto a produção são práticas essenciais para garantir que o CMV esteja sempre dentro do esperado.

Quando falamos em controle do CMV e gerenciamento dos recursos do restaurante, não pode haver espaço para "deixa para depois", descuidos ou esquecimentos. Controlar as despesas pode não ser tão empolgante quanto gerar vendas, mas a importância dos dois aspectos é equivalente. Encare essa tarefa com seriedade, pois o sucesso do seu restaurante depende disso. E se essa não for a sua especialidade, contrate um profissional competente na área.

Não se esqueça: controlar custos e despesas é algo amplo, que envolve realizar pesquisas de preços, fazer uma boa seleção de fornecedores e investir em tecnologia para otimizar processos e reduzir desperdícios. O futuro do seu restaurante será determinado pelas decisões que você tomar hoje. Então, mãos à obra.

A verdade é que você pode fazer muitas coisas certas, mas se a sua gestão financeira não estiver em ordem, a maioria dos esforços será em vão. Nenhum negócio vive sem lucro. Nenhum empreendedor sobrevive quase se afogando todos os meses. Nenhuma ideia prospera sem clareza de quanto entra e quanto sai.

Eu sei que muitas vezes essa parte é vista como "chata", e pode parecer mesmo. Mas mais chato ainda é ver o seu sonho se transformar em pesadelo, concorda?

Com esse pilar dominado, vamos ao próximo capítulo, no qual trataremos do que tanto faz a roda dos restaurantes girar: as pessoas!

SE SEU RESTAURANTE VENDE BEM, MAS O DINHEIRO NUNCA SOBRA, TALVEZ O MAIOR INIMIGO DO SEU NEGÓCIO SEJA VOCÊ MESMO.

@MARCELOMARANIOFICIAL

8
CUIDE DA SUA EQUIPE E ELA CUIDARÁ DO SEU RESTAURANTE

*Quem aprende a cultivar e reter talentos está
construindo um negócio que ninguém derruba.*

Lembra quando falamos de problemas na contratação de mão de obra? Agora imagine que você conseguiu montar uma boa equipe, que tem funcionários nos quais confia e que operam muito bem as próprias funções. Ótimo, né? Mas não pode parar por aí. Um bom dono de restaurante também é um líder, e líderes sabem extrair o melhor potencial das pessoas para construir, em parceria, um crescimento conjunto. Isso mesmo, agora vamos falar de **gestão de pessoas e liderança**.

Tenha uma coisa importante em mente: o antigo modo de liderança já não funciona mais. Aquele chefe que grita, que desrespeita e que trata os colaboradores como números já foi famoso no passado – hoje, ainda bem, caiu na obscuridade. Os negócios que prosperam são aqueles que sabem valorizar a sua força de trabalho.

Eu acredito que, nos próximos dez anos, os maiores desafios para o empresário do setor de alimentação serão a gestão de pessoas e a retenção de talentos. A mão de obra qualificada já é um recurso escasso, e a tendência é que essa escassez aumente. Portanto, é fundamental que os empresários comecem a enxergar a importância de investir em suas equipes, de criar ambientes de trabalho saudáveis e motivadores, e de reconhecer o valor de cada colaborador.

Entenda: gerir pessoas é tão importante quanto a gestão de números. O mundo mudou, e o comportamento das pessoas também. E você, empresário, precisa acompanhar tais transformações. Se você não se abrir para aceitar as mudanças e se adaptar a elas, seu negócio não vai prosperar.

Essas transformações significativas desafiam líderes de restaurantes como eu e você a repensar as estratégias de gestão. Precisamos ser mais adaptáveis, inovadores e conscientes das novas demandas dos nossos funcionários. A habilidade de atrair, motivar e reter talentos tornou-se mais complexa e mais importante do que nunca. No coração dessas transformações, está a necessidade de compreender que liderar hoje vai além de simplesmente gerenciar tarefas; trata-se de inspirar e engajar uma força de trabalho diversificada e tecnologicamente inclinada, criando um ambiente que promove crescimento e satisfação.

É exatamente isso que vamos discutir agora. Para lhe mostrar a importância disso, trouxe alguns casos de empreendedores que alcançaram o sucesso quando entenderam a importância de cuidar de suas equipes.

Eu tenho um amigo dono de restaurantes à quilo em São Paulo, que faz parte do meu grupo de mastermind. O nome dele é Igor Rocha, casado com a Gabi. Um dia, fui jantar na casa deles com a Fernanda, e o Igor me contou que o menor problema que ele tem no negócio dele são os funcionários. E isso poderia até soar normal, se o Igor tivesse seis ou quem sabe dez liderados. Mas não. Ele me contou que tem mais de quatrocentos funcionários atualmente, mas que a engrenagem gira tão bem que não há obstáculos.

Um outro cliente e grande amigo chamado Valmor, que também faz parte do meu grupo de mastermind, lidera dezenas de unidades dos seus negócios no segmento de pizzarias e lanches na cidade de São Paulo. Em uma de nossas conversas, ele me contou que é responsável por quase trezentos empregados. São trezentas famílias que dependem da gestão de Valmor e da prosperidade de suas empresas.

E eu sei que você deve estar pensando... "Em São Paulo é fácil, quero ver ter centenas de funcionários trabalhando bem fora dos grandes centros." Pois bem, quero contar a você dos meus clientes Mayara e o Léo, um casal de amigos que faz parte do meu mastermind. Eles têm um restaurante de praia e um *hub* de deliveries na região de Florianópolis. Nos meses de alta temporada, eles contratam e treinam mais de cem funcionários para atender milhares de clientes que frequentam o restaurante todos os dias.

Da mesma forma, o meu cliente e amigo Diogo, que atua em Fortaleza, em um restaurante situado na praia do Futuro chamado Terra do Sol, atende a mais de 1,5 mil pessoas em um dia de sol no verão. E, para isso, ele precisa de mais de uma centena de funcionários que, muitas vezes, são recrutados e treinados em um curto espaço de tempo. Quero ressaltar que, além de ser sócio do Terra do Sol, Diogo lidera com a Carol, sócia e irmã dele, a melhor confeitaria de Fortaleza, chamada Tortelê. Em todas as unidades, ele ainda conta com dezenas de funcionários.

Esses exemplos provam que, mesmo que você não esteja nos grandes centros do Brasil, existem soluções para recrutar e treinar um grande número de colaboradores. E mostram também que o progresso de muitos empreendimentos está justamente nas pessoas que fazem eles funcionarem todos os dias.

Nas próximas páginas, vamos ver como esses empresários recrutam e treinam centenas de pessoas para trabalhar em um cenário tão desafiador como o meu e o seu. O que você pode aprender com eles para conseguir boas pessoas para trabalhar no seu restaurante? Bem, para explicar isso, preciso voltar no tempo. Preparado?

> *"Nos próximos anos, quem souber cultivar e reter talentos terá a receita secreta para o sucesso no mercado de alimentação."*

O melhor combustível é o propósito

O ano era 2007. Resolvi morar fora do Brasil para estudar e, para conseguir pagar as minhas despesas, eu precisava trabalhar muito. Em determinado momento, eu estava estudando e trabalhando em cinco restaurantes diferentes. Fazia a função de operador de caixa, garçom, lavador de copo e ainda servia café em uma empresa de *catering*.

A cidade era Londres, e um dos meus gerentes se chamava Sérgio Sandes. Com ele, aprendi lições valiosas que moldaram minha jornada. No meu primeiro dia de trabalho, Sérgio teve uma conversa impactante comigo que redefiniu meu entendimento sobre liderança. Ele me alertou para não encarar aquele emprego como algo temporário ou casual, mas como uma extensão verdadeira de quem eu era. Para ele, o trabalho que eu faria ali teria um propósito muito maior.

Sérgio me ensinou que eu teria a chance de servir tanto os melhores cafés do mundo quanto os piores, mas o que realmente importava não era a qualidade da bebida, e sim a dedicação que eu colocaria em cada xícara. Ele falou da importância da atenção aos detalhes, do sorriso ao servir, da prontidão ao atender cada chamado, da alegria que eu deveria demonstrar por ter aquela oportunidade. Segundo ele, essas pequenas ações poderiam transformar um simples ato de servir café em um momento de prazer e conexão.

Lembro que nunca havia encontrado um líder que falasse de trabalho com tanta profundidade e paixão. E o mais surpreendente é que o nosso dia a dia era apenas servir café no prédio de uma seguradora. Mas veja como isso muda totalmente a perspectiva: esse era o meu impacto no mundo naquele momento. Eu não era um simples funcionário que servia cafés. Eu estava encarregado de fazer o dia de alguns dos maiores executivos de seguros do mundo ser mais feliz.

Depois dessa conversa, o Sérgio ganhou todo o meu respeito e eu passei a admirá-lo. Eu entendi que, em respeito à missão que ele me confiou, eu não deveria falhar. Eu precisava seguir as instruções rigorosamente e fazer o meu melhor sempre. Eu entendi que o meu trabalho fazia a diferença naquele lugar, que ele tinha um significado.

E talvez esse seja um dos nossos grandes desafios em restaurantes, bares e deliveries: convencer as pessoas a fazerem o que precisa ser feito, mostrando a elas o significado que há em cada atividade. É preciso criar um time, uma equipe, e não somente um grupo de pessoas que, por coincidência da vida, se encontra no trabalho, entende?

O jogo da liderança

O autor Michael Gerber, em *O mito do empreendedor*, traz uma proposta interessante que aplico hoje em dia nos meus negócios e que funciona muito bem para atingirmos objetivos apoiados por pessoas engajadas e motivadas.

A orientação é criar uma estrutura chamada "Jogo". E a verdade é que não tem nada mais estimulante que jogar um jogo bem formulado. Nele, o seu restaurante precisa criar regras que sejam símbolo da sua ideia a respeito do mundo.

Se a sua ideia for positiva, seu restaurante vai refletir esse otimismo. Se a sua ideia for negativa, seu negócio vai refletir o pessimismo. Nesse contexto, os seus funcionários passam a "fazer o que você quer e precisa que eles façam", à medida que aderem a esse jogo. E o mais interessante é que o nível

SEUS FUNCIONÁRIOS SÃO SEU MAIOR ATIVO OU SEU MAIOR PROBLEMA. TUDO DEPENDE DE COMO VOCÊ LIDERA.

@MARCELOMARANIOFICIAL

de adesão dos funcionários ao jogo não depende exatamente deles, mas da sua capacidade, como gestor, de se comunicar com eles. A comunicação aqui representa a maior parte do sucesso do jogo.

Para funcionar, o jogo não pode ser somente uma ferramenta para engajar os colaboradores. Todos precisam entrar nele de verdade. A sua atuação, como dono, é o que vai determinar a visão que os outros terão de você e do seu negócio.

Segundo Michael Gerber, as regras do jogo são:

1) Nunca pense no que quer que as pessoas façam para, em seguida, criar um jogo

As regras vêm primeiro, e as pessoas a serem treinadas vêm depois. Em outras palavras, você precisa definir regras claras antes de trazer novos membros para a equipe. Um erro comum é contratar pessoas e esperar que elas se adaptem ao que você quer sem direcionamentos e diretrizes. A equipe precisa entender o jogo desde o início. Se os novos funcionários não compreendem as expectativas e o propósito, eles não conseguirão se alinhar ao jogo proposto.

2) Jamais crie para o seu pessoal um jogo que você não quer jogar

Se nem você, o idealizador do projeto, quer jogar, como espera que seus funcionários se envolvam? É essencial que o jogo seja algo com que você se identifica e lhe traga entusiasmo. Se você mesmo não acredita no processo, será impossível engajar sua equipe. Funcionários percebem rapidamente quando o líder está desmotivado ou desconectado do jogo, e isso pode contaminar a cultura da empresa.

3) Certifique-se dos meios para ganhar sem encerrar o jogo

O jogo não pode ter um fim definitivo, caso contrário, a motivação da equipe também termina. No entanto, é fundamental que existam pequenas vitórias ao longo da jornada, que têm a função de manter o entusiasmo e o senso de progresso. Se não há ganhos, o jogo se torna frustrante, entediante e perde o sentido. Premiar conquistas e reconhecer os esforços ao longo do caminho é essencial para manter o jogo vivo.

4) Altere o jogo de vez em quando – a tática, não a estratégia

A estratégia, que envolve os valores e a moral da empresa, nunca deve mudar. Ela é a base do compromisso e da integridade do negócio. No entanto, as táticas podem e devem ser ajustadas para manter o jogo interessante. Isso significa que você pode criar novas metas, recompensas diferentes e estratégias de curto prazo que tragam uma sensação de frescor para a equipe. Esse ajuste evita que o jogo se torne monótono.

5) Nunca espere que o jogo seja autossustentável – as pessoas precisam ser lembradas dele constantemente

A ideia de que o jogo se sustenta sozinho é um mito. As pessoas precisam ser constantemente lembradas, motivadas e desafiadas. Sem esse impulso contínuo, a maioria das pessoas perde o foco e acaba deixando o jogo de lado. Isso exige comunicação regular – reuniões semanais, por exemplo, nas quais os resultados são compartilhados e os próximos desafios são apresentados. A motivação precisa ser renovada constantemente.

6) O jogo tem que fazer sentido

As regras precisam ser claras e simples, assim como os objetivos. Um jogo complexo ou confuso demais desmotivará a equipe. Se as pessoas não conseguem entender o que é esperado delas, não conseguirão se engajar. Portanto, a comunicação é a chave. As descrições de trabalho devem ser objetivas, e as metas, facilmente compreensíveis. Ao mesmo tempo, é essencial reconhecer e valorizar o bom trabalho. O comprometimento emocional é o que faz o jogo funcionar e, sem isso, os funcionários não jogarão.

7) O jogo precisa ser divertido de vez em quando

Nenhum jogo precisa ser divertido o tempo todo. Aprender a lidar com etapas chatas faz parte da emoção de jogar bem. Contudo, se não for divertido, não vai funcionar. Para ser divertido, crie rituais de reconhecimento, premiações, celebre com os jogadores, ajude-os a serem a melhor versão do que eles nasceram pra ser. Isso vai fazer o jogo ficar divertido.

8) Se não conseguir pensar em um bom jogo, copie uma ideia

Não há problema algum em aprender com o sucesso dos outros. Se você encontrar uma ideia interessante que funciona em outro negócio, adapte-a para o seu. O importante é que, ao copiar, você compreenda o jogo por completo e jogue de verdade. Caso contrário, parecerá falso e não criará o engajamento necessário.

Essas regras, quando aplicadas com consistência e entusiasmo, podem transformar o seu negócio. O jogo proposto por Michael Gerber é mais do que uma técnica, é uma filosofia de gestão que coloca as pessoas no centro do sucesso, garantindo que todos joguem juntos para atingir um objetivo maior e que visa benefícios coletivos.

Não trate seus funcionários como números.
Valorize a história deles, e assim eles transformarão seu negócio.

Iniciando a partida: hora de gerir pessoas na prática

Agora que você já entendeu as regras do jogo, eu quero mostrar a você como jogar. Vou compartilhar com você algumas coisas que aprendi com o Igor, e como isso impactou de modo positivo os meus negócios.

Cada colaborador é único

A primeira regra para transformar seu restaurante em um ambiente vibrante é entender que cada funcionário é uma pessoa única, não apenas um número na folha de pagamento.

Já comece a tratá-lo de modo especial no dia que ele chega para trabalhar com você. A fase de integração é importantíssima. Então, a forma como você dá as boas-vindas a um novo membro pode fazer toda a diferença. Desde o primeiro dia, mostre que você está feliz com a contratação. Receba esse funcionário pessoalmente, ou faça a designação a um gerente da sua confiança. Use uma saudação calorosa, como: "Estamos felizes e empolgados com a sua chegada". Reúna a turma do restaurante, faça uma apresentação rápida, peça que todos recebam com carinho esse novo integrante do time. Isso já vai causar uma excelente primeira impressão, fazendo com que o novo colaborador se sinta valorizado e integrado à equipe.

É essencial também estabelecer um canal de comunicação aberto com os funcionários. As conversas regulares – e quando eu digo regulares, se faz necessário que você ou o seu gerente tenham na agenda um dia e uma hora certos para conversar com cada membro do time – não podem acontecer somente quando você está de bom humor. Seja para elogiar um bom trabalho ou abordar questões que precisam de atenção, essas conversas são fundamentais para manter o alinhamento pessoal e profissional com a equipe.

Quando surgirem problemas, como a necessidade de uma advertência ou até mesmo uma demissão, isso deve ser tratado com clareza e respeito. Esses momentos são oportunidades de aprendizado, tanto para o líder quanto para o colaborador. A forma como gerimos essas situações influencia diretamente a cultura da empresa.

Segurança em primeiro lugar

A segurança deve ter um lugar especial na sua empresa. Lembre que trabalhamos em um lugar onde existe muita pressão; equipamentos que geram calor e frio; materiais de cortantes etc. Enfim, se preocupar com a saúde, a segurança e o bem-estar do seu colaborador é uma demonstração de carinho, afeto e amor. E como fazer isso?

Garanta que todos tenham acesso a equipamentos adequados de segurança. Providencie EPIs, luvas de borrachas, calçados que forneçam uma boa aderência na cozinha, coletes refletivos para os motoboys, e todos os outros equipamentos necessários. E se você, assim como eu, quer garantir um ambiente ainda mais seguro, invista em treinamentos de primeiros socorros para os seus colaboradores. Pequenos acidentes com funcionários e clientes sempre acontecem nos restaurantes, e quanto mais preparada a sua equipe estiver, maiores as chances de resolver problemas e minimizar impactos.

Por último: não desista de fazer um seguro. Você pode contratar seguro de vida, de responsabilidade social, entre outros, para garantir que os possíveis tropeços sejam resolvidos de maneira simples.

Um ambiente de trabalho seguro e bem equipado não apenas melhora a eficiência, mas também mostra aos funcionários que você se importa com o bem-estar deles.

A importância da participação dos líderes

A gestão deve ser um esforço conjunto. Líderes, gerentes e sócios operadores precisam estar ativos no dia a dia do restaurante. Quando um gerente elogia publicamente o trabalho de um funcionário, isso não só aumenta a moral, mas também reforça a ideia de que todos estão juntos no mesmo barco. A liderança pelo exemplo é fundamental – "A palavra move, o exemplo arrasta". Isso significa que gerentes devem estar dispostos a realizar as mesmas tarefas que esperam que seus colaboradores façam. Essa abordagem gera respeito e admiração, criando um ciclo positivo de engajamento.

Sempre que vou treinar um gerente nos meus negócios, faço com que ele passe por todas as posições do restaurante, para entender cada patamar. Desde a faxina, até o cargo de gestão. Isso traz clareza para o gerente do que cada funcionário está fazendo e elucida no detalhe quais são os pontos de melhoria de cada posição. Além disso, o gerente aprende e coloca a mão na massa inclusive no que ele não domina tanto.

Eu aprendi isso observando o McDonald's. Nos treinamentos que eles fazem, os gerentes e inclusive os sócios-gestores precisam percorrer todas as posições antes de assumirem os seus cargos. Isso dá uma visão do todo e faz com que o líder seja um exemplo para os demais – afinal de contas, ele colocou a "pele em jogo", experimentando e vivenciando cada uma das funções do restaurante.

Motivação por meritocracia

Elogios são ferramentas poderosas. Ao reconhecer um bom desempenho do seu colaborador individual ou publicamente, ele vai se sentir valorizado e recompensado. As palavras de aprovação e de incentivo são essenciais para todo ser humano ser aceito socialmente, e isso, dentro do ambiente de trabalho, tem uma força muito grande. Infelizmente, porém, é algo muitas vezes negligenciado pelos donos de restaurantes.

É importante entender que o elogio motiva e cria um senso de propósito. Quando os colaboradores percebem que seus esforços e resultados são levados em conta, eles se tornam mais engajados e leais.

Elogios não enchem barriga – pague pelo que o seu funcionário fez a mais

Elogios são poderosos, mas, se usados de maneira isolada, vão funcionar por pouco tempo. Você precisa aprender a empilhar estratégias de engajamento para gerar encantamento e motivação nos seus colaboradores. E outra ferramenta importante nesse processo são as bonificações e os prêmios.

A chave está em fazer com que essas recompensas estejam ligadas a objetivos específicos, que reflitam os valores do seu restaurante. Para isso, seja criativo. Em vez de usar somente prêmios financeiros, que são excelentes, mas não geram memórias afetivas, considere experiências únicas, como um jantar especial para os melhores funcionários com as famílias, um ingresso para o jogo de futebol do time do coração, ou um passeio e um voucher de presente para ser usado no shopping.

Isso reforça a ideia de que o trabalho árduo e o comprometimento são reconhecidos e valorizados por você e pela sua empresa.

Agora é a sua vez

Ao entender que cada funcionário é uma peça importante no seu jogo, você cria um ambiente de trabalho onde todos se sentem valorizados e engajados. Esse ambiente não apenas atrai talentos, mas também os retém, gerando uma equipe motivada que trabalha em conjunto para alcançar os objetivos do negócio.

Inicie essa jornada com entusiasmo, com clareza na comunicação e com o compromisso genuíno de que todos joguem em equipe. A transformação do seu restaurante começa com você, e cada pequeno passo que você dá para implementar essas estratégias trará um impacto profundo no futuro do seu negócio. Jogue o jogo com paixão e determinação e veja como seu restaurante vai prosperar e, mais do que isso, se tornar um exemplo de gestão inovadora no setor.

Você vai ver que esse é um investimento com alto índice de retorno. Investir na sua equipe resulta em mais vendas, mais propagação de marca, mais confiança, mais clientes felizes, mais produtividade... Ou seja, esse pilar tem a capacidade de, indiretamente, sustentar todos os outros.

E quão melhor preparada estiver a sua equipe, mais espaço você vai ter para trabalhar na operação do seu negócio.

AO ENTENDER QUE CADA FUNCIONÁRIO É UMA PEÇA IMPORTANTE NO SEU JOGO, VOCÊ CRIA UM AMBIENTE DE TRABALHO ONDE TODOS SE SENTEM VALORIZADOS E ENGAJADOS.

@MARCELOMARANIOFICIAL

9
DO CAOS À ORDEM: ESTRUTURANDO SEU RESTAURANTE PARA VENCER

Empresas que prosperam não dependem de pessoas perfeitas, mas de sistemas eficientes.

Que jornada já percorremos até aqui, não é mesmo? Porém, não perca o fôlego, ainda temos mais alguns pilares para abordar.

Até agora você já tem um bom planejamento, um posicionamento concreto, uma equipe treinada, operação de vendas funcionando... O que mais falta? Isso mesmo: a estruturação correta de **processos operacionais**.

A primeira coisa a se ter em mente é que esses processos podem, sim, mudar ao longo do tempo. O trabalho vai se adaptar de acordo com as demandas, novas tecnologias e ideias para aumentar a produtividade. Porém, a essência vai sempre se manter, pois está ligada ao seu posicionamento. Portanto, vamos sempre em busca de melhoras e correções, mas dificilmente de uma mudança brusca – a menos que algo esteja realmente errado.

Quero trazer um caso bem legal para começar a falar de processos e dos problemas que surgem quando eles não existem ou são confusos.

Paula e Francisca são duas irmãs que comandam um pequeno bar no interior de Minas Gerais, um lugar que frequento há muitos anos. O que mais me encanta no cardápio delas são as almôndegas e a carne cozida, servidas com um pãozinho picado, perfeito para aproveitar o delicioso molho temperado. Mas o que realmente diferencia o bar delas é a paixão evidente que colocam em cada prato. Para Paula e Francisca, cozinhar não é apenas uma profissão, é um verdadeiro propósito de vida. Elas servem com carinho e simpatia, fazendo com que todos os clientes se sintam em casa. Essa conexão genuína com os frequentadores transforma cada refeição em uma experiência memorável.

Elas não têm muitos funcionários. Geralmente, quando estou lá, vejo as duas irmãs e mais três ou quatro pessoas ajudando na cozinha e no atendimento. Essas pessoas quase sempre são parentes, amigos próximos ou vizinhos do bar. Eventualmente, elas contratam freelancers também.

Sempre que chego ao bar, sou recebido com um sorriso caloroso e a tradicional pergunta: "Vai querer uma cerveja ou um refrigerante?". O ambiente é simples, sem sistema eletrônico de pedidos – tudo é anotado em papel. Conforme as cervejas vão sendo consumidas, os vasilhames são deixados no chão, sob a mesa. O atendimento, às vezes rápido, outras nem tanto, tem um charme próprio, com um toque de informalidade. No final, ao pedir a conta, o responsável pelo atendimento se aproxima, conta os vasilhames, e juntos conferimos os pratos e as porções consumidos, como se fosse uma tradição de confiança entre cliente e dono.

Eu não entendo até hoje como elas controlam o que é vendido e o que é recebido. Acredito que, com muita ingenuidade, a confiança no cliente é o único mecanismo de controle. Acredito que o estoque nunca teve inventário, e a padronização certamente foi algo com que elas nunca se preocuparam.

Mas eu entendo que o mais grave talvez nem seja isso. Além de conduzirem o negócio sem nenhum método de controle e apuração de resultados, tem algo que causa um impacto maior e mais importante na vida delas.

Na última vez que estive lá, perguntei a uma delas quanto tempo fazia que ela não tirava férias, e a resposta não me surpreendeu. Ela me disse que não se lembra das últimas férias, mas, certamente, havia mais de vinte anos que não se permitia ter dez ou mais dias consecutivos de férias.

E aqui eu pergunto: qual foi a última vez que você tirou dez dias consecutivos de férias?

O motivo principal pelo qual os donos de restaurantes se tornam indispensáveis na operação do restaurante é a falta de processos operacionais, organização e métodos. O restaurante se torna uma "prisão de portas abertas" como costumava dizer o meu pai. E não é isso o que queremos, certo?

Passar o dia apagando incêndios no operacional vai deixar o futuro do seu negócio em chamas.

Negócio autogerenciável

Para transformar o seu restaurante em um negócio autogerenciável, você precisa pensar desde o primeiro dia, ou quem sabe a partir de hoje, como se fosse ter cem unidades desse negócio daqui a alguns anos. Como você conseguiria se dividir para estar em tantos lugares ao mesmo tempo?

Pense, por exemplo, no Burger King. Eles têm mais de novecentas lojas no Brasil. Pense na Domino's Pizza, com mais de 350 lojas no Brasil. Ou o Coco Bambu, com mais de setenta lojas. São negócios de nichos diferentes, com modelos de crescimento diferentes, mas com o mesmo princípio: métodos e processos operacionais claros e eficientes. Esses processos garantem a padronização da qualidade do serviço, facilitam que o modelo seja replicado e asseguram que cada unidade opere com a mesma eficiência das outras, mesmo sem a presença do dono.

Não importa se o seu negócio fatura 50 mil ou 10 milhões de reais por mês. O empreendimento só vai funcionar sem necessitar da sua presença se tiver processos operacionais bem definidos e se o seu time estiver bem treinado. Você só sai da cadeira do "eupreendedor" para ter um negócio de verdade, que traz lucro e prosperidade, se conseguir criar um sistema que funcione à prova de pessoas – isso porque sistemas ruins derrotam pessoas boas, como bem disse o estatístico e professor universitário William Edwards Deming.

Tendemos a supervalorizar o talento individual das pessoas. Acreditamos que as melhores e piores coisas que acontecem são mérito ou culpa de quem trabalha conosco. Fazemos isso o tempo todo, culpando aquele funcionário pelo insucesso das iniciativas que estamos tentando colocar em prática.

Esse pensamento é ingênuo. E para piorar, somos programados para insistir nessa ingenuidade. Psicólogos já catalogaram esse viés, chamado de viés de atribuição, que se refere aos erros sistemáticos cometidos quando as pessoas avaliam ou tentam encontrar razões para os próprios comportamentos e os dos outros.

Pense, por exemplo, em quando você está dirigindo. Se faz uma ultrapassagem de maneira agressiva no trânsito, cria uma justificativa no seu cérebro: "Estou atrasado para pegar meu filho na escola. Me desculpe". Mas se alguém faz o mesmo com você duas semanas depois, aquele sujeito é um babaca ignorante, sem nenhuma educação ou cuidado. Não é verdade?

O já citado William Edwards Deming nos mostrou empiricamente, na metade do século XX, que a performance das empresas é dirigida muito mais pelos sistemas de trabalho do que pelo talento individual. Empresas são sistemas adaptativos complexos. E, em sistemas adaptativos complexos, os resultados são multifatoriais e não são óbvios.

Para que o seu restaurante se torne um sistema de trabalho eficiente, é indispensável estabelecer processos operacionais padronizados. Cada tarefa que você atribui a um funcionário, por mais simples que seja, precisa ser documentada de modo a garantir que qualquer um, independentemente do nível de experiência, possa realizá-la com a mesma qualidade.

Isso prova, por exemplo, a importância de uma ficha técnica, que é aquele documento que descreve como o prato é elaborado, com a gramagem de cada ingrediente, o modo de preparo, o rendimento. Quando as fichas técnicas são implementadas e as pessoas são treinadas, não é preciso ter cozinheiros excelentes que se destacam individualmente; é preciso ter cozinheiros que consigam reproduzir o que está escrito a ficha, entende?

Bem, e como implementar processos operacionais no seu negócio? Vamos ver a seguir.

Padronizando e otimizando processos

O primeiro passo é criar manuais de operação detalhados para todas as funções do restaurante. Esses manuais devem incluir cada aspecto do serviço, desde a preparação dos pratos até o atendimento ao cliente. O objetivo é que qualquer pessoa, ao seguir o manual, consiga realizar as tarefas necessárias sem precisar de supervisão constante.

Além disso, é importante estabelecer descrições de cargos e estruturas salariais claras. Cada membro da equipe deve saber exatamente quais são suas responsabilidades e como o seu desempenho será avaliado. Estruturas salariais transparentes ajudam a motivar os funcionários e reduzem a rotatividade, criando um ambiente de trabalho mais estável e eficiente e poupando custos de contratar e treinar novas pessoas.

A padronização dos processos é fundamental para garantir que todas as unidades do restaurante operem de maneira uniforme. Ferramentas como fluxogramas podem ser úteis para mapear e otimizar os processos, identificando possíveis gargalos e áreas de melhoria. A implementação de tecnologias para gestão de estoque, otimização de cotação de compras e controle do CMV também se mostra essencial aumentar a eficiência operacional e facilitar o controle financeiro.

Nesse contexto, uma solução que complementa essa padronização e que pode revolucionar a gestão de restaurantes é implementar os princípios de *lean manufacturing*. Embora tenha sido desenvolvido para a indústria automotiva, o *lean* tem se mostrado extremamente eficaz também em restaurantes. O foco é simples: eliminar desperdícios e otimizar processos, garantindo que cada etapa agregue valor ao cliente. Ao aplicar o *lean*, é possível otimizar o uso da mão de obra, reduzindo o número de funcionários sem comprometer a qualidade do serviço – um ponto essencial em tempos de escassez de profissionais qualificados.

Por exemplo, ao reorganizar o layout da cozinha para que os funcionários não percam tempo com deslocamentos desnecessários, ou ao padronizar as rotinas de preparo dos pratos, você torna sua operação mais eficiente e produtiva. O *lean* ajuda a minimizar desperdícios, seja de tempo, recursos ou ingredientes – o que, consequentemente, reduz os custos e aumenta a produtividade.

Além disso, o *lean* pode ajudar a resolver outro problema comum: a dependência excessiva da presença do dono. Ao padronizar tarefas e criar sistemas eficientes, você cria um restaurante que funciona sem a necessidade de sua supervisão constante, abrindo caminho para um negócio que cresce sem que você esteja preso à operação.

Ensinamos e damos suporte a toda essa implementação de processos operacionais nos nossos programas de mentoria, como o DDR MASTER. Compartilhamos os documentos prontos e editáveis para que os empresários possam ter a oportunidade de implementar e tornar os negócios autogerenciáveis, e os resultados que observamos são excelentes.

AQUI ESTÁ MAIS UM PRESENTE PARA VOCÊ: ESCANEIE O QR CODE E ACESSE UM MODELO DE FICHA TÉCNICA PARA PADRONIZAR E DOCUMENTAR OS SEUS PROCESSOS OPERACIONAIS.

https://donosderestaurantes.com/fichatecnica

Isso me ajudou a realizar um grande sonho. Há muitos anos, quando meu pai ainda conduzia as operações, eu tinha os restaurantes como um grande inimigo pessoal. Um grande adversário na minha infância e juventude. Eram os restaurantes que roubavam o tempo do meu pai em que ele poderia ficar comigo. Então, prometi para mim mesmo que, se algum dia eu fosse empreender no segmento de restaurantes, só faria isso se conseguisse me ausentar quando fosse necessário.

Hoje consigo tirar três férias por ano, e às vezes mais que isso. Fico semanas sem visitar as operações e, ainda sim, consigo conduzir restaurantes que trazem uma receita e um resultado milionário. E é isto o que você deve ter como meta a partir de agora: ter um negócio que não dependa da sua presença para funcionar – isso vai gerar um empreendimento mais rentável e um dono mais satisfeito.

Como a tecnologia ajuda nos processos operacionais

Com tecnologia e determinação, você pode desafiar os gigantes do mercado da garagem da sua casa.

A tecnologia nos possibilitou levar informação de qualidade por meio da internet a milhões de empresários donos de restaurantes, bares e deliveries. Em 2019, eu criei a maior escola para donos de restaurantes do Brasil. O Portal Donos de Restaurantes tem mais de duzentas horas de conteúdo de altíssima qualidade, que ensina o profissional a vender mais, melhorar o lucro, as compras, os processos operacionais, e a não ser escravo do próprio negócio. Até o início de 2024, já havíamos treinado mais de 20 mil empresários, e os resultados são surpreendentes. Inclusive, os números se invertem: quem tem a possibilidade de investir nas nossas soluções diminui drasticamente a possibilidade de falência, e a maioria tem uma melhora considerável no faturamento.

Esse é o poder do conhecimento aplicado, e esta é a missão da nossa empresa: alongar o tempo de vida dos restaurantes e multiplicar o faturamento e o lucro do negócio em alguns poucos meses. Com isso, contribuímos para a melhoria de vida dos empresários e para o crescimento da economia do Brasil, gerando milhares de novos empregos todos os anos.

O mundo mudou muito. Com a tecnologia digital e o nosso conhecimento moderno de restaurantes, é possível montar um negócio no modelo de delivery com o seu limite do cartão de crédito. Para isso, basta abrir um MEI (Microempreendedor Individual), uma loja no iFood, correr no mercado, comprar insumos e embalagens e preparar minimamente a cozinha de casa. Pronto, em menos de uma semana, você já consegue concorrer com os maiores restaurantes da sua cidade. Inclusive, sua loja pode aparecer ao lado do McDonald's, do Burger King e do Bob's.

Esse é o poder da tecnologia moderna. Possibilitar ao empresário concorrer em condições de igualdade com potências que estão no mercado há décadas. Tudo isso sem fazer grandes investimentos em marketing e mídias que, em outras épocas, custariam uma pequena fortuna.

Além disso, a tecnologia passou a ter um papel de extrema importância nos maiores desafios modernos dos restaurantes: a falta de mão de obra e a necessidade de eficiência operacional.

A automação é uma resposta direta à crescente escassez de mão de obra qualificada no setor de restaurantes. Segundo Martin Ford, em *Rise of the Robots*, a automação pode substituir tarefas repetitivas e rotineiras, permitindo que os funcionários se concentrem em atividades que exigem um toque humano.

Um exemplo disso é a solução que o Felipe, cliente que faz parte de um dos meus grupos de mentoria, implementou no restaurante dele em Manaus. Ele me ligou um dia e disse que o volume de frango e peixe assado que ele vendia no delivery havia chegado à máxima capacidade de produção. Além disso, me contou que, para essa produção, a mão de obra era grande, não havia padronização dos pratos, e que tudo isso trazia grandes problemas operacionais.

Existia uma solução mais convencional e intuitiva, que era aumentar o espaço físico e o número de colaboradores. E outra solução mais inteligente, eficiente e tecnológica.

Com a ajuda de um especialista do meu time, fizemos a proposição do uso do forno combinado, dos equipamentos mais inteligentes e tecnológicos de uma cozinha que, apesar de ter um investimento elevado, entrega um resultado extraordinário.

E foi exatamente isso que aconteceu. Alguns dias depois de implementar essa solução tecnológica, o Felipe me contou que conseguiu diminuir o tempo de preparo, padronizou os pratos, teve menos perda nas proteínas – já que a desidratação é controlada nesse tipo de equipamento –, e ainda conseguiu diminuir significativamente a mão de obra. Isso parece comum, e a verdade é que os fornos combinados são usados há alguns anos em restaurantes de alta gastronomia e de alta produtividade. Porém, era impossível imaginar que usaríamos essa tecnologia para restaurantes simples, com a operação tendo como produto principal um frango assado.

Esse é o resultado que buscamos com o uso adequado da tecnologia. Pessoalmente, não acredito que o papel da automação seja desestimular o emprego de pessoas nos restaurantes. Pelo contrário, o principal benefício é a manutenção do emprego e a rentabilidade por meio da otimização dos processos, evitando trabalhos repetitivos. O ser humano deve usar toda sua inteligência, criatividade e poder de execução em trabalhos que exigem criatividade, amor, carinho e cuidado. A tecnologia não substitui pessoas, ela apenas liberta o ser humano para o que realmente importa na cozinha: criatividade e paixão.

Podemos ver outros exemplos do benefício da tecnologia por todos os lados. Restaurantes como o McDonald's já implementaram totens de autoatendimento e diminuíram os operadores de caixas e as longas filas. Aplicativos como iFood e o AiqFome permitem que os clientes façam pedidos de qualquer lugar, a qualquer hora, com uma comodidade nunca vista antes.

Já o marketplace funciona como um shopping virtual, dando oportunidade ao empresário de se posicionar ao lado de grandes marcas do *foodservice* e de ter um alto fluxo de pessoas navegando por esse shopping. Existem também os aplicativos próprios de comida, que são soluções conhecidas como *white-label*, e que permitem uma personalização das marcas dentro dos aplicativos, funcionando como uma solução do próprio restaurante para receber pedidos on-line. O que difere é que não existe um fluxo de clientes gerado pela plataforma. O próprio empresário fica encarregado de gerar esse fluxo de pessoas buscando a compra. Em contrapartida, as taxas e os encargos são bem menores do que no marketplace.

Esses sistemas, assim como os marketplaces, são integrados diretamente ao ponto de venda do restaurante, automatizando o fluxo de pedidos e pagamentos. Isso possibilita a diminuição de erros humanos e a alavancagem do número de pedidos. No meu grupo de mentoria, tenho clientes que atendem centenas de clientes todos os dias, com apenas um operador de delivery recebendo os pedidos automatizados. Isso gera economia de custo de mão de obra e uma produtividade absurdamente positivas.

Nas cozinhas, robôs cozinheiros, como o Flippy, desenvolvido pela Miso Robotics, estão começando a ser usados para tarefas repetitivas como cortar, fritar e cozinhar. E isso não é algo que esteja tão longe quanto alguns imaginam. Eu tive a oportunidade de ver isso em Curitiba.

A Rob's Burger and Chicken tem um "chapeiro robô" que funciona com inteligência artificial e produz hambúrgueres sob demanda na cozinha do restaurante. A Rob's, que pode ser considerada uma *foodtech*, começou sua produção no início de 2023 e tem chamado a atenção de investidores brasileiros e estrangeiros para expandir, graças a seu modelo escalável e replicável.

Além de robôs que fritam batatas e fazem hambúrgueres sem intervenção humana, são cada vez mais comuns os sistemas de preparação de ingredientes que lavam, cortam e preparam automaticamente vegetais, legumes, proteínas e outros insumos de cozinha. Certamente, esses processos contribuem para a redução do tempo de preparação e, principalmente, a necessidade de mão de obra.

Softwares de gestão de gás já mostram o consumo por aplicativo e fazem o pedido na distribuidora automaticamente para o reabastecimento, evitando a falta do combustível e a parada forçada da operação. Os estoques também já podem ser monitorados quanto ao uso de ingredientes em tempo real, notificando os gerentes quando os insumos estão em baixa quantidade e até automatizando pedidos de reabastecimento. Isso ajuda a evitar desperdícios e falta de ingredientes, o que mantém o trabalho eficiente e a todo vapor.

É inegável que a tecnologia veio para revolucionar os negócios de alimentação. Adotar práticas inovadoras e tecnologias transformadoras não é apenas uma questão de se manter competitivo; é uma questão de sobrevivência e prosperidade em um mercado cada vez mais dinâmico e exigente.

Os restaurantes que incorporarem essas mudanças em seus processos operacionais estarão mais bem posicionados para enfrentar os desafios do futuro e aproveitar as oportunidades de crescimento. Portanto, se você quer transformar o seu restaurante em um negócio milionário, esse princípio será fundamental a partir de agora. Então, vamos inovar juntos?

Permita-se imaginar, criar, inovar!

Além da tecnologia, a inovação também tem uma parcela significativa de contribuição na evolução dos restaurantes. Podemos retomar a melhoria na eficiência operacional por meio dos princípios de *lean manufactoring*, conforme James P. Womack e Daniel T. Jones descrevem em *Lean Thinking*. Já o *just-in-time*, inspirado no sistema de produção da Toyota, pode ser aplicado na gestão de estoques de restaurantes, garantindo que os ingredientes sejam entregues e utilizados no momento certo, reduzindo desperdícios e custos de armazenamento.

Isso parece distante para alguns desavisados. Mas eu quero compartilhar que usamos o sistema *lean* dentro da nossa metodologia do Portal Donos de Restaurantes e do DDR Master já há alguns anos. E posso citar alguns benefícios que os nossos mentorados tiveram ao fazer a implementação desses procedimentos, especialmente a Patrícia e o Guto, um casal de clientes que tem um restaurante em Balneário Camboriú. Eles fizeram a implementação do sistema *lean* com alguns equipamentos e processos específicos e isso possibilitou a preparação de uma refeição por minuto no delivery. Em um dia de bom movimento, eles fazem mais de 550 entregas em apenas uma loja. E o melhor é que todos esses pedidos são entregues dentro do prazo, com uma excelente eficiência operacional e mão de obra reduzida.

O Felipe Hélvio, outro cliente que possui várias operações de comida nordestina no Rio de Janeiro, reduziu em cinco vezes o tempo de preparo das principais porções vendidas no delivery e no salão depois de implementar o sistema *lean*.

Isso mostra o poder da inovação e do conhecimento aplicado. Muitos empresários, principalmente os que já estão no mercado há muitos anos, acreditam que não têm mais nada para aprender sobre restaurantes. Talvez a zona de conforto tenha os convidado a ficarem presos na idade da pedra.

Já eu convido você a viver o futuro, e o futuro é agora! Se você quiser transformar o seu restaurante em um negócio milionário, vai precisar de tecnologia e inovação.

Um pouco mais sobre o processo de vendas

Falando na evolução tecnológica, os processos de vendas também mudaram. Com o advento da tecnologia, ficou muito mais fácil escalar as vendas e o faturamento de um negócio. Presença on-line em redes sociais, campanhas com influenciadores digitais, tráfego pago, e-mail, disparos de WhatsApp, robôs que automatizam conversas com clientes de delivery e em redes sociais... Tudo isso possibilita atender milhares de clientes e vender para eles todos os dias.

O princípio é simples: para vender mais, você precisa aparecer mais e falar com um número maior de pessoas, e isso agora é possível sem que seja necessário contratar várias pessoas para esse fim. Você pode contratar soluções automatizadas por inteligência artificial e, assim, se comunicar com um número muito maior de pessoas todos os dias.

Outra solução que ainda é pouco usada pelo empresário, mas que faz uma diferença absurda nas vendas, e principalmente no ciclo de vida do cliente, são os programas de fidelidade. Antigamente havia o famoso "compre dez e ganhe um". Contudo, isso não é mais eficaz para uma geração que tem pressa e é imediatista. Por isso, se quisermos ter um cliente que faz várias compras por ano, e que não troca o seu bar, restaurante ou delivery pelo concorrente, precisamos aprender a fidelizar. Ainda bem que ficou mais fácil fazer isso com o uso da tecnologia. É possível gerenciar as compras e até o "sumiço" dos seus clientes por meio de um aplicativo móvel e, dessa maneira, incentivar os clientes a retornarem com mais frequência, rastreando compras e oferecendo recompensas.

As compras também podem ser otimizadas com o uso da tecnologia e da inovação. Ferramentas como marketplaces de compras, gestores de cotações, e outras que funcionam como e-commerce especializado em restaurantes e negócios de alimentação, facilitam os pedidos, comparam preços automaticamente e ainda mantêm registros de compras, ajudando a prever necessidades futuras. Algumas até ajudam com o inventário.

Além disso, a digitalização do processo de compras permite a análise de dados históricos para identificar padrões de consumo e ajustar pedidos de acordo com a demanda, evitando tanto o excesso quanto a falta de estoque. Isso é fundamental para eliminar desperdícios e otimizar processos. Aplicando esses princípios, os restaurantes podem minimizar perdas e melhorar a margem de lucro do negócio.

Muitas coisas que sustentam o pilar de processos operacionais – afinal, ele é o que faz o seu negócio funcionar. E quando as rodas giram, a máquina inteira opera em harmonia, sem surpresas desagradáveis e sem necessitar de manutenção a todo momento.

Processos estruturados fazem bem para o dono, para os funcionários, para o negócio e para os clientes!

A TECNOLOGIA NÃO ROUBA EMPREGOS, ELA ELIMINA FUNÇÕES CHATAS E LIBERA TEMPO PARA O QUE REALMENTE IMPORTA.

@MARCELOMARANIOFICIAL

10
ALÉM DA SATISFAÇÃO: COMO ENCANTAR E CRIAR CONEXÕES QUE DURAM

Não basta satisfazer o cliente, é preciso tocar seu coração. Conexões emocionais criam experiências inesquecíveis e transformam clientes em verdadeiros fãs.

Quando falamos das pessoas que fazem o negócio girar, não podemos nos esquecer dos grandes motivos para o restaurante existir: os clientes! Quando se apaixonam pela marca, eles a promovem e ajudam no seu crescimento. É uma escada de evolução que beneficia toda a cadeia: clientes felizes > atraem mais clientes > geram mais vendas > e o negócio cresce.

Infelizmente, muitos negócios fecham por se esquecerem de olhar para o que o público quer. Quais são suas dores? Necessidades? Motivações? Como se conectar com ele? Bom, é hora de descobrir as bases do pilar de **encantamento do cliente**.

Mais que felicidade, encantamento

Era uma tarde tranquila de domingo quando cheguei a uma ilha no interior do Pará. Estava a caminho de visitar um cliente, acompanhado do meu amigo Victor, sua esposa Marcela e Antonella, a filha do casal. Decidimos almoçar em um restaurante à beira de um rio que, graciosamente, encontrava-se com o mar. Assim que chegamos, fomos recebidos de maneira calorosa pelo recepcionista. Com um sorriso no rosto, ele me contou que já havia assistido a alguns dos meus treinamentos on-line. O brilho nos olhos daquele jovem e sua vontade de crescer me fizeram acreditar que ele tem um futuro promissor pela frente.

Ao caminhar em direção à mesa que nos havia sido reservada, fomos surpreendidos por um detalhe inesperado: sobre a mesa, havia uma foto minha e o meu nome em destaque. Fiquei profundamente emocionado com o gesto. Não era apenas uma reserva; era uma recepção que mostrava cuidado, atenção e, acima de tudo, uma conexão pessoal que me tocou. Aquilo foi mais do que um almoço; foi uma experiência marcante.

E essa não foi a primeira vez que eu vivi algo incrível assim. Há alguns anos, decidi saltar de paraquedas com uma turma de clientes. Eu fiz um desafio, e eles prontamente aceitaram. Depois da nossa aventura, decidimos prestigiar um dos nossos amigos, que tinha um restaurante bem próximo de onde saltamos.

Quando chegamos ao restaurante do Rodrigo, na cidade de Cosmópolis, fomos recebidos de uma maneira inesquecível: um lugar especial, onde havia uma mesa com um mini Chandon, e uma foto de cada convidado junto da sua família. Em uma das paredes, o nome do nosso grupo de mentoria DDR MASTER completava a decoração. Isso nos emocionou profundamente, criou um senso ainda maior de pertencimento ao grupo, e cada um que estava ali se sentiu mais especial.

Esses gestos de personalização, de ser chamado pelo nome, de ter sua foto impressa e colocada em lugares estratégicos têm um impacto profundo na criação de laços afetivos. No livro *Como fazer amigos e influenciar pessoas*, Dale Carnegie menciona que o nome de uma pessoa é, para ela, o som mais doce e importante em qualquer idioma. Ouvir nosso próprio nome, ou vê-lo reconhecido em um ambiente, ativa emoções e cria uma sensação de pertencimento e importância.

Esse simples ato de reconhecimento tem o poder de fortalecer laços e gerar empatia, transformando uma interação comum em uma experiência memorável. Ser lembrado pelo nome nos faz sentir valorizados, e é isso que cria conexões duradouras.

O básico é o mínimo; você precisa se destacar

Fala-se muito em bom atendimento. É muito comum quando eu pergunto para os empresários: "Qual o seu diferencial competitivo?", escutar coisas como: "Comida boa e bom atendimento".

No entanto, a maioria das pessoas confunde bom atendimento com um atendimento cordial e simpático. Bom atendimento é bem mais do que isso, e você só pode dizer que tem um bom atendimento quando o seu cliente reconhece isso através de comentários e feedbacks.

No mundo dos restaurantes, proporcionar um bom atendimento é essencial para criar experiências memoráveis que geram o encantamento e a fidelidade dos clientes. É possível, inclusive, transformar o atendimento em um diferencial competitivo que não só satisfaz, mas encanta os clientes e resulta em maior fidelidade e mais vendas.

Ao falar de encantamento, não podemos deixar de citar a Disney, reconhecida mundialmente por seu atendimento excepcional, que vai além de ser apenas educado e cortês. Segundo o livro *Estilo Disney*, a chave para um atendimento encantador está na conexão emocional da marca com os clientes. Na Disney, cada visitante é tratado como um convidado especial, e cada interação é uma oportunidade para criar uma experiência mágica. Em um restaurante, isso significa garantir que o ambiente esteja sempre limpo e acolhedor, que a decoração e a música sejam agradáveis, e que cada prato servido seja agradável aos olhos e encantador ao paladar.

Para criar uma conexão emocional com os clientes, é possível personalizar o atendimento. Lembrar o nome dos clientes recorrentes, suas preferências e criar pequenos momentos de surpresa e encantamento são estratégias eficazes. Tony Hsieh, em *Satisfação garantida*, destaca a importância de surpreender os consumidores positivamente. Na empresa Zappos, os funcionários são incentivados a exceder as expectativas dos clientes em todas as oportunidades. Aplicando isso em restaurantes, os colaboradores devem ser treinados para identificar oportunidades de criar momentos especiais para cada um que entrar pela porta do estabelecimento.

Surpreender os clientes vai além de atender bem. Pode ser, por exemplo, servir um chope ou um pastelzinho na fila de espera, para reduzir a impaciência e até começar a gerar empatia. Outra maneira simples de causar um impacto positivo é fazendo algo especial no dia do aniversário do seu cliente.

Há alguns meses, visitei o restaurante da Priscila e do Luis, um local de comida italiana em Belo Horizonte. Na minha opinião, é o melhor restaurante dessa categoria na cidade. E não só pela comida, que é simplesmente espetacular, mas também por algo que vai muito além dos sabores: a inclusão. Eles adaptaram o ambiente às necessidades de pessoas com deficiência visual e têm em sua equipe garçons com síndrome de Down.

É um restaurante onde a diversidade é celebrada e valorizada, o que torna a experiência ainda mais especial.

Mas o que realmente me fascina no estabelecimento é a capacidade que os donos têm de criar memórias afetivas. Entre tantas estratégias e elementos que utilizam para encantar os clientes, duas coisas me chamaram bastante a atenção. Primeiro, em vez de usarem o tradicional guardanapo de pano, eles inovaram com algo singular: uma pequena luva de pano, que você calça enquanto faz sua refeição. Esse gesto simples traz uma sensação de cuidado artesanal, remetendo ao jeito de comer com as mãos, como se fazia antigamente, mas com um toque moderno e sofisticado.

E, como se isso já não fosse o suficiente, se for o seu aniversário, prepare-se para algo especial: eles oferecem um bolo de algodão doce que faz o restaurante inteiro parar para comemorar com você. É uma maneira simples, mas incrivelmente única, de fazer com que cada cliente se sinta especial, criando uma conexão emocional que fica gravada na memória. No fim das contas, não é apenas sobre comida – é sobre fazer as pessoas se sentirem vistas, importantes e parte de algo maior.

Essas pequenas surpresas criam uma experiência de atendimento diferenciada que encanta os clientes e os fazem voltar sempre. Clientes recorrentes são a espinha dorsal de qualquer negócio de sucesso. Reconhecer e valorizar esses consumidores pode trazer excelentes resultados a médio e longo prazo.

Como fidelizar o seu cliente?

O processo de fidelização é longo, mas começa por um atendimento de excelência; passando por um cadastro simples; uma comunicação assertiva, fluida e frequente; até chegar ao momento de incentivos e recompensas sistematizadas para que esse cliente volte. Então, se para fidelizar precisamos começar com a excelência no atendimento, vamos entender como fazer isso.

A excelência no atendimento ao cliente muitas vezes é o que diferencia negócios de sucesso dos que fracassam. E para ser bem-sucedido nesse pilar, é preciso começar com a formação e o desenvolvimento dos colaboradores. Empresas como McDonald's, Starbucks e Disney, reconhecidas mundialmente pela qualidade de seu atendimento, investem massivamente na capacitação de funcionários. Elas não se limitam a ensinar habilidades técnicas; elas

"AS PESSOAS ESQUECERÃO O QUE VOCÊ DISSE, ESQUECERÃO O QUE VOCÊ FEZ, MAS NUNCA ESQUECERÃO COMO VOCÊ AS FEZ SENTIR."

TONY HSIEH

asseguram que todos compreendam e incorporem a cultura e os valores que definem a experiência do cliente. De fato, essas marcas veem o treinamento como um pilar estratégico que vai além das tarefas do dia a dia: ele molda comportamentos e atitudes que refletem a filosofia do local, essencial para criar uma conexão emocional duradoura com os consumidores.

Assim como essas grandes empresas, se você deseja transformar o seu restaurante em um negócio milionário e bem-sucedido, é imprescindível criar um programa de treinamento abrangente e contínuo. E eu posso ajudar você a desenvolver isso em um de nossos programas de aceleração de resultados, em que o foco está em integrar os colaboradores à visão de longo prazo da empresa, garantindo que cada ponto de contato com o cliente seja uma oportunidade de fidelização e crescimento.

Um ponto fundamental de um bom programa de treinamento é o empoderamento dos funcionários para tomarem decisões autônomas que melhorem a experiência do cliente. Quando os colaboradores têm a liberdade e a confiança para agir com rapidez diante de problemas ou oportunidades de surpreender positivamente, isso pode criar momentos de encantamento inesperados. Pense, por exemplo, em restaurantes onde os atendentes têm autonomia para oferecer uma bebida ou um petisco de cortesia quando percebem que o cliente está insatisfeito, seja devido à demora no pedido ou a uma falha no serviço. Esse tipo de confiança vai além da correção de erros: reforça a ideia de que o cliente é a prioridade número um e que todos os esforços devem ser feitos para assegurar sua satisfação e felicidade. Isso pode ser feito de maneira limitada, sem criar prejuízos para o restaurante, trabalhando o senso de dono junto aos colaboradores.

Howard Schultz, ex-CEO da Starbucks, fala muito sobre como dar autonomia aos funcionários gera uma atmosfera de confiança que se reflete diretamente na satisfação dos clientes. Ele implementou uma filosofia em que cada barista tem o poder de fazer o que é necessário para garantir que os clientes se sintam valorizados, e isso tem sido uma das chaves para o sucesso global da marca. Da mesma forma, em restaurantes como os do grupo Union Square Hospitality, de Danny Meyer, há um foco intenso na hospitalidade, e os colaboradores são incentivados a usar sua intuição para criar momentos especiais, reconhecendo e valorizando cada cliente como um indivíduo.

O mais importante a se ter em mente é que o caminho para implementar uma cultura de encantamento no atendimento começa no topo, com a liderança. Gestores e líderes devem ser os primeiros a modelar o comportamento que desejam ver em seus times. Eles precisam, diariamente, demonstrar, tanto em suas ações quanto em sua comunicação, a importância de um atendimento excepcional. Isso inclui a criação de uma cultura de feedback contínuo, na qual os colaboradores recebem orientações e reconhecimento pelo bom desempenho, promovendo um ciclo constante de melhoria e motivação.

Como Simon Sinek explica em *Líderes se servem por último*, o papel do líder é criar um ambiente seguro e inspirador, onde as pessoas se sintam confortáveis para dar o melhor de si. É fundamental que a cultura de encantamento seja integrada em todos os níveis do negócio, e que o desempenho nesse quesito faça parte das avaliações e recompensas oferecidas aos funcionários.

Cultivar essa cultura de encantamento requer um esforço consistente e a arte de equilibrar altos padrões com o incentivo à criatividade e à iniciativa individual. Como Guy Kawasaki ressalta em seu livro *Encantamento*, a verdadeira mágica acontece quando os funcionários não estão apenas seguindo roteiros preestabelecidos, mas quando são incentivados a pensar fora da caixa e surpreender os clientes com gestos que vão além do esperado. Pequenos atos de gentileza e consideração, como um sorriso genuíno, um agradecimento sincero, ou até um toque pessoal no serviço – como lembrar o nome de um cliente frequente ou suas preferências – podem transformar uma experiência rotineira em algo memorável.

Se você deseja transformar o seu restaurante em uma referência, lembre-se: o cliente é conquistado não apenas pela qualidade do produto, mas pela experiência que vivencia. E essa experiência começa com o seu time – bem treinado, empoderado e alinhado com a missão de encantar em cada interação.

E mais: muitas vezes, soluções simples, de baixo investimento, geram um retorno altíssimo. Ao conhecer o cliente de verdade, você verá que não é preciso rios de dinheiros para deixá-lo feliz. Uma personalização, mesmo que pareça simples, traz um enorme valor.

A tecnologia também pode ser uma grande aliada no processo de encantamento dos clientes. Sistemas de CRM (*customer relationship management*) podem ajudar os restaurantes a acompanhar as preferências e o histórico dos clientes, permitindo um atendimento mais personalizado. Aplicativos de fidelidade e reservas on-line podem facilitar a vida dos consumidores e proporcionar uma experiência mais fluida e satisfatória. Além disso, a utilização de tecnologias de feedback em tempo real, como pesquisas de satisfação enviadas por SMS ou e-mail após a refeição, permite que os gestores respondam rapidamente a quaisquer problemas e mostrem aos clientes que suas opiniões são valorizadas. Ferramentas de análise de dados também podem identificar tendências e áreas de melhoria, ajudando os restaurantes a ajustarem seus serviços de acordo com as necessidades e expectativas de quem consome.

Por fim, podemos afirmar que encantar os clientes não é apenas uma questão de ser educado e cortês. É sobre criar conexões emocionais, surpreender e tratar cada pessoa como especial. Quando focamos em criar momentos mágicos e inesquecíveis, temos a oportunidades de ver os nossos clientes voltando sempre e recomendando o nosso restaurante a familiares e amigos.

A ideia é criar um fã clube para o seu restaurante. Pessoas fiéis e apaixonadas que são recompensadas por você por esses atributos. Confie em mim: fidelizar clientes é a maneira mais barata de gerar vendas. É muito melhor trabalhar com os clientes que você já tem (e que vão trazer indicações) do que estar sempre em busca de novos, em um eterno mar de incertezas, concorda?

São essas pessoas, inclusive, que o ajudarão a escalar o seu negócio, levando-o a cada vez mais pessoas e concretizando a sua missão.

SE VOCÊ DESEJA TRANSFORMAR O SEU RESTAURANTE EM UMA REFERÊNCIA, LEMBRE-SE: O CLIENTE É CONQUISTADO NÃO APENAS PELA QUALIDADE DO PRODUTO, MAS PELA EXPERIÊNCIA QUE VIVENCIA.

@MARCELOMARANIOFICIAL

11
A ESCALADA RUMO AO TOPO: COMO LEVAR SEU RESTAURANTE AO PRÓXIMO NÍVEL

Crescer de forma sustentável não é apenas uma questão de aumentar faturamento, mas de expandir o impacto da sua marca no mercado.

Chegamos ao último pilar do nosso método: **prosperidade do dono do negócio**. Porque sim, depois de todo o seu esforço e trabalho duro, você merece e vai prosperar. Esse caminho é difícil, com alguns obstáculos ao longo dele, mas a linha de chegada é uma verdadeira vitória.

Crescimento é uma palavra mágica no mundo dos negócios, e no segmento de bares, restaurantes e deliveries não é diferente. Transformar uma pequena cozinha em um império gastronômico envolve muito mais do que simplesmente abrir mais portas. E se você quer transformar o seu restaurante em um negócio milionário, vai precisar conhecer as técnicas e estratégias de crescimento que eu vou apresentar neste capítulo.

O processo de *crescimento* exige uma mudança de paradigma e de mentalidade. É preciso ficar claro que o objetivo é escalar vendas e o lucro do negócio. Para tanto, é fundamental aumentar a visibilidade e a presença da sua marca. A maneira mais inteligente de fazer isso é melhorar o marketing, os canais de venda e, por fim, a distribuição.

Para conseguir colocar em prática essa teoria, há uma pergunta importante a ser respondida: como você pode ter um modelo de negócios bem ajustado que permite a multiplicação eficiente das suas operações de restaurantes?

Não há apenas uma resposta para essa questão. Existem vários caminhos para a escolha do modelo de multiplicação de negócios – conforme veremos em breve. No entanto, alguns aspectos devem ser levados em conta: o nível de controle sobre o negócio, o capital investido, a velocidade de crescimento, o suporte e o risco do negócio. Analisando todos esses fatores, fica muito mais simples definir qual o modelo ideal para cada empreendimento, e, principalmente, para cada empreendedor. Inclusive, em alguns casos, vamos experimentar um crescimento utilizando múltiplos modelos.

Há, porém, um problema importante a ser resolvido aqui. A maioria dos empresários que começa a crescer e a multiplicar os seus negócios não têm conhecimento prévio desses modelos de crescimento nem um bom suporte técnico de pessoas que já passaram por esse crescimento e que entendem do assunto. Quase sempre esse processo de expansão começa de maneira intuitiva e sem estratégia.

O problema nesse caso é que, quando empresas começam a crescer e a escalar, em geral falta a estrutura necessária para sustentar essa expansão. É como tentar erguer um edifício de sete andares em uma fundação projetada para apenas quatro. No início, a operação pode até dar certo, e os novos andares serão construídos, mas a fragilidade da base logo começará a se manifestar. Pequenas fissuras surgem, a estabilidade é comprometida, e, com o tempo, a estrutura se torna insustentável. Eventualmente, o colapso é inevitável, e as consequências são desastrosas, tanto no âmbito pessoal quanto profissional, causando prejuízos imensuráveis.

Pior do que ter um negócio pequeno, que não traz muito lucro, é ter um negócio grande e frágil. O empresário se sente orgulhoso, mas ao mesmo tempo preocupado. Muitas vezes tentando se reestruturar, buscando solidez e um caminho para a estabilidade.

Quando construímos um negócio frágil, um evento inesperado no mercado pode representar um risco significativo. Uma fiscalização mais rigorosa do Ministério do Trabalho ou da Receita Federal, por exemplo, pode identificar falhas que, se não corrigidas, podem precipitar a falência da empresa. Além disso, a escassez de vendas ou a falta de mão de obra pode agravar ainda mais a situação. Sem um fluxo constante de receita, uma equipe competente e um bom gerenciamento de recursos financeiros, o restaurante se torna vulnerável a crises, aumentando as chances de colapso.

E a responsabilidade sempre vai ser do empresário.

Abraçando o desconforto para encontrar soluções

É importante entender que crescer dói. Multiplicar os negócios nos coloca em posição de desconforto, de vulnerabilidade e de aprendizado contínuo. Um desafio sem limites. É como se estivéssemos correndo uma maratona sem fim. Assim, devemos estar dispostos a aprender e crescer no desconforto.

Sobre esse assunto, me lembro da minha amiga e empresária Juliana. Ela e mais dois sócios, o Fernando e a Marina, têm um negócio de tortas em São Paulo. No total, eram três operações. Em um momento de total desconforto, eles se questionaram se era hora de parar. Algumas coisas não iam bem, a paciência já não era mais a mesma, e os resultados não eram o que eles esperavam, e muito menos o que mereciam, tamanha a qualidade do produto e do serviço que ofereciam.

No entanto, eles acreditavam que o negócio tinha muito potencial. Então, resolveram contar com a minha orientação nos negócios e entraram para o meu grupo mais importante de aceleração de resultados. Depois de quase três anos trabalhando juntos, eles encontraram um caminho importante para o crescimento.

Fizeram um acordo de parceria com um outro grande *player* de mercado, passaram a vender seus produtos em dezenas de lojas, e, para isso, construíram uma cozinha central de produção e distribuição. Pouco tempo depois, receberam uma boa oferta para venderem uma parte do negócio.

Embora o processo de fusões e aquisições (M&A) ainda não seja tão comum no setor de alimentação, ele tem ganhado força. M&A, ou *mergers and acquisitions*, refere-se à união ou compra de empresas, com o objetivo de otimizar operações, ampliar mercado e compartilhar recursos. No mercado de alimentação, o M&A pode acontecer quando uma empresa maior, ou com maior capacidade de distribuição, enxerga valor em unir forças com uma marca menor ou emergente.

A combinação de expertise, tecnologia, e infraestrutura pode acelerar o crescimento, criar sinergias operacionais e melhorar a eficiência. Acredito que veremos cada vez mais esse tipo de movimento no setor alimentício à medida que grandes marcas percebem os benefícios de trabalhar juntas com um propósito comum, como o fortalecimento da marca e a otimização da cadeia de suprimentos.

Escalabilidade: a chave para o crescimento

A premissa básica para crescer é escalar as vendas. Escalabilidade significa que seu restaurante, o seu bar ou o seu delivery deve ser capaz de aumentar a receita de maneira proporcionalmente maior do que os custos operacionais. O autor Verne Harnish explica, em sua obra *Scaling Up*, que a chave para a escalabilidade é a repetição eficiente de processos.

Se o seu negócio pode replicar suas operações sem perder qualidade e sem aumentar os custos significativamente, você está no caminho certo para o crescimento. Um exemplo clássico de um negócio escalável é o McDonald's. A história dessa gigante do fast food começou de modo simples, com um *drive-in* na Califórnia. Hoje, a marca é uma das maiores redes de alimentação do mundo. Mas como o McDonald's conseguiu essa expansão global?

A resposta está na padronização de processos e na multiplicação eficiente dos canais de venda. A empresa padronizou absolutamente tudo. Desde a maneira exata de tostar o pão, passando pela gramagem precisa do hambúrguer, até a quantidade exata de molho e de sal em cada combo. Assim, se você comer um Big Mac no Rio de Janeiro ou em Denver, no Colorado, a diferença será imperceptível. O produto tem os mesmos ingredientes, a mesma textura e é preparado com os mesmos métodos. A experiência é quase idêntica, não importa onde você esteja.

No entanto, essa padronização vai além do produto. Ela se estende às pessoas. Todos os colaboradores passam por um rigoroso processo de treinamento, no qual aprendem não apenas as tarefas técnicas, mas também os valores que norteiam a empresa. Paulo Camargo, ex-presidente do McDonald's no Brasil, me contou em uma conversa que a padronização nos processos de contratação e treinamento foi um dos pilares que permitiu a ele comandar mais de 60 mil pessoas ao mesmo tempo. Ter um padrão bem definido não é apenas uma estratégia, é uma necessidade.

Tudo começa com a escolha do perfil certo para o time. O McDonald's prefere contratar jovens em seu primeiro emprego. Depois de contratados, esses colaboradores passam por uma intensa fase de integração e treinamento antes mesmo de começar a trabalhar. Quando entram em ação, eles são treinados para dominar cada uma das posições básicas: fritar batatas, montar sanduíches, operar o caixa, entre outras. E, em cada função, os processos são milimetricamente definidos. Todos sabem exatamente o que fazer para garantir que o restaurante funcione como uma máquina bem ajustada. Nada depende da boa vontade ou da iniciativa individual de um colaborador. O que Paulo enfatizou foi simples: cada funcionário executa exatamente o que foi treinado para fazer.

Essa prática resolve um dos maiores desafios do setor de alimentação: a dificuldade de encontrar mão de obra qualificada. O que o McDonald's faz é contratar pessoas dispostas a aprender e, em seguida, capacitá-las para executar as funções operacionais. Com o tempo, essas pessoas crescem dentro da empresa e assumem posições mais estratégicas, mantendo a engrenagem funcionando com eficiência, mesmo em uma operação de dezenas de milhares de colaboradores.

E mais: a padronização envolve pensar em cada detalhe da operação. Na criação do cardápio, por exemplo, a simplicidade é essencial. Um cardápio enxuto e assertivo reduz a complexidade e aumenta a eficiência. Além disso, os equipamentos utilizados nas lojas são cuidadosamente projetados para maximizar a produtividade. Cada equipamento, cada processo e cada item do cardápio são pensados para garantir agilidade e consistência em escala global.

Essa consistência permitiu que o McDonald's expandisse rapidamente, alcançando mais de cem países, com 40 mil pontos de venda e atendendo mais de 70 milhões de clientes todos os dias. O que podemos aprender com esse exemplo é simples: para escalar um negócio, é preciso padronizar tudo – do produto ao treinamento, do cardápio aos equipamentos.

> *"Escalar um negócio sem solidez é como construir um castelo na areia – a queda é apenas uma questão de tempo."*

Modelos de crescimento: franchising, lojas próprias e sócios operadores

Existem muitos modelos testados que apresentam excelentes resultados na escala de restaurantes. Decidir qual modelo faz mais sentido para você como empresário e para o seu negócio talvez seja o passo mais importante para crescer com consistência e menor risco. Alguns dos modelos mais populares de crescimento são: franchising, lojas próprias, sócios operadores e/ou modelos híbridos. Cada modelo apresenta vantagens, mas também desafios.

Franchising: a multiplicação de sucesso

O franchising é uma das maneiras mais rápidas e eficazes de escalar um negócio, oferecendo ao franqueador um risco relativamente menor. Quando bem formatado e baseado em um modelo verdadeiramente replicável e escalável, esse sistema permite que o empresário expanda sua marca rapidamente, aproveitando o capital e a energia dos franqueados.

Michael E. Gerber, no clássico O *mito do empreendedor*, destaca a importância de sistemas e processos padronizados para o sucesso das franquias, reforçando que a consistência é crucial para manter tanto a qualidade do produto quanto a experiência do cliente.

Um exemplo mundialmente conhecido de sucesso no franchising é o Subway. Fundada em 1965, o Subway usou esse modelo para se expandir rapidamente. Hoje, com mais de 40 mil lojas em mais de cem países, a rede é prova de como um sistema de franchising bem estruturado pode levar a uma expansão global massiva.

Mas o Subway não está sozinho. Outro *player* norte-americano de sucesso no setor é a Dunkin (antiga Dunkin' Donuts), fundada em 1950. A rede começou como uma loja de café e rosquinhas em Massachusetts, e hoje conta com mais de 12 mil lojas em 45 países. Ambas as marcas demonstram como o franchising, aliado a processos eficientes e consistentes, pode impulsionar um crescimento impressionante.

No entanto, apesar do glamour de histórias como essas, há muitos empresários sonhando em formatar uma franquia sem ter ideia do que realmente envolve ser um franqueador. E é importante deixar claro: ser franqueador vai muito além de ter uma loja bonita ou uma marca bem trabalhada. Ser franqueador é, acima de tudo, uma enorme responsabilidade. Afinal, você lidará com o dinheiro e o sonho de outras pessoas. Não basta ter um bom produto, é preciso garantir que ele possa ser replicado de maneira eficiente e com o mesmo padrão de qualidade.

Um dos principais desafios é entender se o negócio é replicável. Replicar algo simples, como um negócio de cachorro-quente tradicional, é muito diferente de tentar reproduzir um restaurante que dependa de preparações complexas feitas por chefs renomados. No primeiro caso, é uma questão de padronizar processos e produtos, tornando a operação acessível e eficiente para qualquer franqueado. No segundo caso, a dependência de mão de obra altamente especializada e a complexidade de treinamento tornam a replicação muito mais difícil e, muitas vezes, inviável.

Além de ser replicável, o negócio precisa ser escalável. E isso significa testar outros mercados, entender se existe demanda pelo produto em diferentes regiões e se há um público-alvo grande o suficiente para sustentar essa expansão – o que chamamos de *target market size*.

Sem essas três premissas – responsabilidade, replicabilidade e escalabilidade – a franquia dificilmente prosperará.

Outro ponto que muitos não entendem é que o franchising não é um caminho de retorno rápido. Não é incomum que apenas após a abertura de dezenas de lojas o franqueador comece a ver lucro significativo. Isso porque é necessário construir uma estrutura de suporte robusta para os franqueados, o que envolve treinamentos, suporte operacional e marketing.

Basicamente, o modelo de franchising gera receita de duas formas principais. A primeira é por meio da venda de novas lojas – o *fee* inicial pago pelos franqueados para aderir à rede. A segunda é a cobrança de *royalties* sobre as vendas de cada unidade, o que gera uma fonte de renda recorrente para o franqueador, conforme os franqueados operam as próprias lojas. Em resumo, o franchising é uma estratégia poderosa de crescimento, mas não sem desafios. Como todo grande sucesso, exige visão de longo prazo, processos bem definidos e uma execução impecável.

Lojas próprias: controle e crescimento

Outro modelo interessante de crescimento é o de lojas próprias. Esse processo exige mais capital e gestão direta, mas garante que cada unidade siga exatamente os padrões estabelecidos, permitindo manter um controle rigoroso sobre a qualidade. Lojas próprias também facilitam a implementação rápida de mudanças e inovações, uma vez que não é necessário alinhar com múltiplos franqueados.

Um exemplo de crescimento e expansão por lojas próprias é a rede 1900 Pizzeria, que tem como sócio e CEO o meu amigo Erik Momo, que também faz parte do meu grupo de mastermind. Fundada em 1983 no bairro da Vila Mariana, em São Paulo, começou como um projeto de paixão pela gastronomia e música de Giovanni Paolo Momo, um ex-violista da Orquestra Sinfônica Municipal de São Paulo, e sua esposa Katia Momo.

O nome da pizzaria foi inspirado no filme italiano 1900 e no fato de a primeira unidade estar situada em um imóvel do início do século XX. O negócio se desenvolveu focando em pizzas artesanais de alta qualidade e em um atendimento personalizado, uma marca registrada desde o início. A pizzaria passou por diversas expansões, chegando a doze unidades. Tudo construído com recursos próprios. A rede continua sendo um negócio familiar e, inclusive, grande parte da terceira geração está participando ativamente das atividades rotineiras da rede – e o processo sucessório já está sendo preparado.

Sócios operadores

O modelo de sócios operadores tem sido uma das estratégias mais eficazes para o crescimento de redes de negócios no setor de alimentação. Ele combina elementos-chave do franchising e da gestão de lojas próprias, oferecendo o melhor dos dois modelos: controle da qualidade e operação alinhada com os valores centrais da marca, ao mesmo tempo que alavanca o compromisso dos empreendedores que atuam como donos da operação.

A ideia central é que cada unidade deve ser gerida por um empreendedor que não é apenas um gerente contratado, mas sim um coproprietário com participação nos lucros. Diferente do modelo de franquia tradicional, no qual o franqueado possui a unidade e paga taxas à franqueadora, o sócio operador não é dono integralmente da unidade. Em vez disso, ele investe diretamente seu tempo e esforço, muitas vezes também fazendo investimentos financeiros iniciais, e recebe um percentual significativo dos lucros como recompensa. Isso cria um poderoso alinhamento de incentivos. Afinal, como participante direto dos resultados financeiros da unidade, o sócio operador tem um incentivo real para maximizar a performance da loja, dentro dos parâmetros de qualidade e operação estabelecidos.

A proposta é especialmente eficaz porque atrai indivíduos altamente motivados e com mentalidade empreendedora. Sabemos que a chave para o sucesso de qualquer negócio de varejo ou alimentação está na dedicação estratégica do operador em que sua missão vai além das tarefas diárias, buscando constantemente melhorar a experiência do cliente e a eficiência operacional.

O modelo já é amplamente adotado por redes de sucesso global. O Outback Steakhouse é um dos principais exemplos desse modelo. Cada unidade é gerida por um sócio operador, que investe seu tempo e energia na operação da franquia como um verdadeiro proprietário. Essa estrutura tem sido fundamental para o sucesso da marca, que mantém altos padrões de qualidade em mais de mil lojas ao redor do mundo. O Coco Bambu, uma das maiores redes brasileiras de restaurantes, também utiliza esse modelo, o que permitiu à empresa uma expansão nacional muito bem-sucedida para mais de setenta lojas.

Crescimento por modelos híbridos

O modelo híbrido combina múltiplas formas de operação: lojas próprias, franquias e sócios operadores. O objetivo principal é otimizar as oportunidades de expansão. Usando-o, temos a flexibilidade necessária para adaptar estratégias de crescimento de acordo com as condições de mercado, regulamentações locais e disponibilidade de capital.

Nele, as lojas próprias permitem um controle direto sobre a operação e a experiência do cliente, garantindo que os padrões de qualidade e atendimento sejam mantidos em níveis elevados. Ao mesmo tempo, as franquias trazem capital externo e empreendedorismo local, acelerando a expansão sem que a empresa precise arcar com os altos custos de abertura de novas unidades. Já os sócios operadores garantem uma gestão dedicada e comprometida com o sucesso da unidade, aproveitando o espírito de dono desses operadores.

Neste modo de operação, o empresário não precisa necessariamente ter os três processos. Vejo várias marcas optando por lojas próprias e franquias, por exemplo. O mais importante é entender o que cada modelo traz de vantagem e de desvantagem, e como cada marca se adapta ao que foi proposto. Outro fator relevante é fazer observações e estudos de casos de sucesso que implementaram o modelo híbrido, para entender se faz sentido adotar esse modelo de crescimento.

A Domino's Pizza, uma das redes mais bem-sucedidas do mundo, utiliza um modelo híbrido em sua expansão global. A empresa combina lojas próprias com franquias, o que lhe permite manter o controle sobre áreas estratégicas, enquanto franqueados lidam com o crescimento em mercados locais. Esse modelo se mostrou eficaz, especialmente porque a Domino's pode personalizar sua abordagem de mercado. Em mercados maduros, em que a marca já é forte, eles operam mais lojas próprias para manter o controle. Em mercados novos, eles confiam em franqueados que trazem conhecimento local e maior agilidade.

Outro exemplo notável é a Pret a Manger, uma rede global de cafés e sanduíches que opera a maioria de suas lojas diretamente, mas também explora parcerias estratégicas em mercados onde o conhecimento local é essencial para o sucesso. Essa abordagem híbrida permite que a Pret a Manger mantenha padrões rigorosos de qualidade, ao mesmo tempo que utiliza a expertise de seus parceiros em novos mercados, como no Oriente Médio e na Ásia.

Outro exemplo brilhante de crescimento por meio de um modelo híbrido vem do meu amigo Guilherme Temperani, premiado *restaurateur* brasileiro. O Gui é sócio fundador de várias marcas de sucesso como MII,

URU Mar y Parrilla, Temperani Cucina, Merci, Macaxeira, entre outras. O Guilherme se destaca pela habilidade em combinar diferentes modelos de expansão de acordo com as necessidades específicas de cada marca e mercado.

No caso do Macaxeira, uma rede de comida nordestina que oferece pratos acessíveis e populares, ele aplicou um modelo híbrido que combina franquias com lojas próprias. Isso permitiu uma expansão rápida e controlada, mantendo a qualidade e atendendo à crescente demanda em várias regiões de São Paulo. Essa abordagem estratégica foi fundamental para garantir a escalabilidade da marca, que se tornou um sucesso entre os consumidores.

Por outro lado, com o MII, uma marca de culinária de inspiração grega, a expansão foi realizada através de lojas próprias, o que possibilitou um controle mais rigoroso da operação em um mercado novo e desafiador, especialmente ao entrar em outro estado. Já com o URU Mar y Parrilla, o Gui optou por utilizar o modelo de sócio operador, garantindo o envolvimento total dos gestores locais com o sucesso das unidades.

Além disso, em outras operações, ele aplicou o modelo de sócio investidor, no qual parceiros aportam capital para financiar a expansão, compartilhando os lucros, mas sem a gestão operacional direta. Essa combinação de modelos permite que suas marcas mantenham qualidade e consistência, ao mesmo tempo que mitigam riscos e aceleram o crescimento.

A trajetória de Guilherme prova que é possível executar um plano de expansão eficiente ao utilizar diferentes modelos de crescimento de maneira estratégica. Ele soube adaptar suas marcas às circunstâncias de cada mercado, garantindo alta performance, produtividade e uma expansão ágil, sem comprometer os padrões que fizeram de suas marcas um sucesso.

Por fim, é importante frisar que crescer um restaurante de maneira sustentável e lucrativa é uma jornada que requer planejamento estratégico, inovação contínua e uma execução bem implementada. Seja através de franquias, lojas próprias ou sócios operadores, o segredo está em criar um modelo de negócios escalável que possa ser replicado com sucesso.

Escalar o seu negócio é mais do que só gerar mais lucro; é impactar pessoas, fomentar o mercado, disseminar o seu propósito e a sua paixão, celebrar o trabalho duro que você e seu time enfrentam dia após dia. Escalar o seu negócio é ir até o topo, é ver o trabalho bem-feito e, enfim, celebrar mais uma grande vitória!

NÃO ADIANTA ESCALAR UM MODELO QUE NÃO SE SUSTENTA. SE O SEU RESTAURANTE AINDA NÃO É EFICIENTE EM UMA UNIDADE, ABRIR MAIS SÓ MULTIPLICA OS PROBLEMAS.

@MARCELOMARANIOFICIAL

CONCLUSÃO
O SUCESSO ESTÁ ALÉM DA DOR

É nas dificuldades que o caráter de um vencedor é forjado.

Chegamos ao fim, o momento em que você dominou os sete pilares que vão definir o seu posicionamento e o plano de negócios do seu restaurante, para que ele se torne um negócio milionário. Parabéns por essa conquista! Parabéns por dar passos tão importantes rumo ao sucesso do seu negócio no ramo de alimentação.

Estamos aqui, nas últimas páginas do nosso livro, provavelmente muito diferentes do que começamos. Eu sei que não é fácil, eu sei a quantidade de noites em claro que você passou, sei quantas vezes pensou em desistir. Mas eu também sei que trabalhar esses sete pilares é o que vai mudar a sua vida, o seu negócio e os seus resultados – assim como aconteceu com tantos casos que vimos ao longo dos capítulos.

Quando você tem uma base sólida de estratégia e planejamento; vendas e marketing; gestão financeira; gestão de pessoas e liderança; processos operacionais; encantamento do cliente; e prosperidade do dono do negócio, não tem NADA que possa impedi-lo de alcançar o tão desejado sucesso, seja em um bar, um restaurante, uma cantina etc. Cada um desses pilares vai sustentar um futuro brilhante, cheio de clientes apaixonados e um legado honrado.

Transformar um restaurante em um negócio milionário não é para qualquer um. Mas, se chegou aqui, garanto que você não é qualquer pessoa. O mundo precisa de empresários e pessoas que trabalhem com honestidade e retidão, que realizem grandes feitos e que exalem otimismo.

Ao longo da sua jornada, você vai passar por momentos dolorosos. Afinal de contas, crescer dói muito. Vai enfrentar adversidades, críticas e julgamentos. E é exatamente isso que separa os vencedores das pessoas que ficam pelo caminho. Isso serve para forjar o seu caráter e fazer de você uma pessoa e um empresário mais fortes.

E quando você fica mais forte, cumpre a promessa de Deus para a sua vida. Já ouviu aquela frase que diz que Deus não escolhe os capacitados, mas capacita os escolhidos? Então, eu profetizo na sua vida que você foi um dos escolhidos de Deus para operar um milagre. A abundância é um milagre.

Algumas pessoas falam, sem nenhum conhecimento de causa, que ser humilde é viver na escassez. Mas isso é uma inverdade. Não é isso que Deus quer de você. Mateus 13:12 diz: "Porque àquele que tem, se dará, e terá em abundância; mas àquele que não tem, até aquilo que tem lhe será tirado". Essas palavras nos mostram que devemos buscar o conhecimento, a sabedoria e a abundância, mas não pelo ganho material, e muito menos em benefício próprio. O que o Criador quer de nós é que sejamos luz. Que possamos gerar prosperidade às pessoas que nos cercam, desde os seus colaboradores, passando pelos seus fornecedores e clientes. Ao melhorar a vida de cada um deles, logo a sua vida também será melhor e mais confortável, assim como a vida da sua família.

Dito isso, fica claro que precisamos transformar o nosso restaurante em um negócio milionário simplesmente porque precisamos cumprir a promessa de Deus para a nossa vida.

Desejo que essas palavras tenham tocado o seu coração e que, a partir disso, você possa se conectar consigo mesmo e com Deus. Que a partir desse momento, seja grato por cada dia da sua jornada, mesmo que seja um dia difícil. Não pelo que você vai conquistar no campo material – pelo dinheiro, pelos prêmios –, mas sim por todas as transformações que terá a oportunidade de viver e, sobretudo, de proporcionar às pessoas que de alguma forma dependem do seu sucesso.

Quero lhe parabenizar por ter adquirido este livro. Você já está gerando prosperidade, pois ele faz parte de um projeto no qual 100% dos direitos autorais são doados a instituições sociais. Se ainda quiser multiplicar essa ajuda, compre outro exemplar e dê de presente a um amigo ou amiga que precisa dele.

Se este livro o ajudou até aqui e você quiser dar continuidade ao processo, trabalhando diretamente comigo, me mande uma mensagem contando sobre o seu negócio e quais são os seus principais desafios. Depois de analisar cuidadosamente, eu lhe mostrarei em qual dos meus grupos de mentoria podemos acelerar o seu crescimento.

Um forte abraço!

Eu te vejo no topo!

REFERÊNCIAS BIBLIOGRÁFICAS

AAKER, D. A. **Building Strong Brands**. Nova York: Free Press, 1995.

ABRASEL. Cerca de 300 mil restaurantes fecharam as portas no Brasil em 2020, 6 abr. 2021. Disponível em: https://abrasel.com.br/noticias/noticias/cerca-de-300-mil-restaurantes-fecharam-as-portas-no-brasil-em-2020/. Acesso em: jan. 2025.

BERGER, J. **Contágio: por que as coisas pegam.** Rio de Janeiro: Alta Books, 2020.

BERMAN, K.; KNIGHT, J. **Financial Intelligence for Entrepreneurs**: What You Really Need to Know About the Numbers. Cambridge: Harvard Business Press, 2008.

BLANCHARD, K.; JOHNSON, S. **O gerente minuto.** Rio de Janeiro: Record, 1983.

BROWN, B. **A coragem de ser imperfeito:** como aceitar a própria vulnerabilidade, vencer a vergonha e ousar ser quem você é. Rio de Janeiro: Sextante, 2016.

BROWN, D. R. **The Restaurant Manager's Handbook:** How to Set Up, Operate, and Manage a Financially Successful Food Service Operation. Ocala: Atlantic Publishing Group, 2018.

BURCHARD, B. **O poder da alta performance**: os hábitos que tornam as pessoas extraordinárias. Rio de Janeiro: Objetiva, 2018.

CARNEGIE, D. **Como fazer amigos e influenciar pessoas.** Rio de Janeiro: Sextante, 2019.

CHRISTENSEN, C. **The Innovator's Dilemma**: When New Technologies Cause Great Firms to Fail. Brighton: Harvard Business Review Press, 2016.

CONHECE-TE a ti mesmo e conhecerás o [...] Sócrates. **Pensador**. Disponível em: www.pensador.com/frase/MTAwNjc/. Acesso em: 4 fev. 2025.

CORREA, C. **Sonho grande**: como Jorge Paulo Lemann, Marcel Telles e Beto Sicupira revolucionaram o capitalismo brasileiro e conquistaram o mundo. São Paulo: Primeira Pessoa, 2013.

CORREA, C. **Abilio**: determinado, ambicioso, polêmico. São Paulo: Primeira Pessoa, 2015.

COUTO, G. **Notável aos 40**. Sete Lagoas: GL Educação Corporativa, 2024.

COUTO, G. **Side Hustle is The New Sexy**: empreenda enquanto CLT! Histórias reais de quem fez acontecer e um passo a passo para começar hoje o seu projeto paralelo. [s. l.]: Editora Notável, 2021.

CRUZ, C. V. **Para seu restaurante lucrar mais**: gestão estratégica para a eficiência nos negócios com real entrega de valor. São Paulo: Sesi, 2018.

DAVIDSON, A. **The Oxford Companion to Food**. Oxford: Oxford University Press, 2014.

DEMING, W. E. A Bad System Will Beat a Good Person Every Time. **The W. Edwards Deming Institute**. Disponível em: https://deming.org/a-bad-system-will-beat-a-good-person-every-time/. Acesso em: jan. 2025.

DEMING, W. E. **Out of the Crisis**. Cambridge: MIT Press, 2002.

DRUCKER, P. **Management:** Tasks, Responsibilities, Practices. Nova York: Harper Business, 1993.

DRUCKER, P. **The Essential Drucker**. Nova York: Harper Business, 2008.

DWECK, C. **Mindset:** a nova psicologia do sucesso. Rio de Janeiro: Objetiva, 2017.

ESTANTE, F. Guia Prático das Empresas do Brasil em 2024. **Oportunidados**, 2024. Disponível em: https://oportunidados.com.br/guia-empresas-brasil. Acesso em: out. 2024.

FIELDS, R. **Restaurant Success by the Numbers:** A Money-Guy's Guide to Opening the Next New Hot Spot. Ashland: Tantor and Blackstone Publishing, 2021.

FORD, M. **Rise of the Robots:** Technology and the Threat of a Jobless Future. Boston: Basic Books, 2016.

GARVEY, M.; DISMORE, A. G.; DISMORE, H. **Running a Restaurant for Dummies**. Nova Jersey: For Dummies, 2019.

GERBER, M. E. **O mito do empreendedor**. São Paulo: Fundamento, 2014.

GODIN, S. **A vaca roxa**: como transformar o seu negócio e se destacar dos concorrentes. Rio de Janeiro: Best Business, 2022.

GOLDRATT, E. M. **The Goal:** A Process of Ongoing Improvement. Great Barrington: North River Press, 2012.

HARNISH, V. **Scaling Up**: como algumas empresas conseguem crescer e outras não. [s. l.]: Gazelles, 2015.

HILL, N. **Quem pensa enriquece**. São Paulo: Fundamento, 2022.

HSIEH, T. **Satisfação garantida**. São Paulo: Harper Collins, 2017.

JACKSON, L.; CAPODAGLI, B. **O estilo Disney**: como aplicar os segredos gerenciais da Disney à sua empresa. São Paulo: Benvirá, 2017.

JOHNSON, S. **Picos e vales:** aproveite os momentos bons e ruins em seu trabalho e em sua vida. Rio de Janeiro: Best Seller, 2009.

KAWASAKI, G. **Encantamento:** a arte de modificar corações, mentes e ações. Rio de Janeiro: Alta Books, 2012.

KOTLER, P.; KARTAJAYA, H.; SETIAWAN, I. **Marketing 4.0**: do tradicional ao digital. Rio de Janeiro: Sextante, 2017.

KOTLER, P.; KELLER, K. L. **Marketing essencial:** conceitos, estratégias e casos. São Paulo: Pearson, 2013.

KOTLER, P.; KELLER, K. L. **Marketing Management**. Geórgia: Pearson, 2011.

KROC, R. **Fome de poder:** a verdadeira história do fundador do McDonald's. São Paulo: Figurati, 2018.

LAGES, P. Análise: Por que pessoas que recebem fortunas voltam a ficar pobres? **R7**, 19 fev. 2022. Disponível em: https://entretenimento.r7.com/vivaavida/patricia-lages/analise-por-que-pessoas-que-recebem-fortunas-voltam-a-ficar-pobres-02072023/. Acesso em: jan. 2025.

LEONHARDT, C. Brasil e o índice global de inovação. O que melhorar? **Food Conection**. Disponível em: www.foodconnection.com.br/empreendedorismo/servico-de-delivery-no-brasil-o-que-esperar-em-2024. Acesso em: jan. 2025.

MANTESSO, R. **Não abra um restaurante**. *In*: https://chitchatbabel.wordpress.com/2012/03/29/nao-abra-um-restaurante-por-rafael-mantesso/. Acesso em: 23 jan. 2025.

MARANI, M. Estratégias de marketing para fidelização de clientes em bares e restaurantes. Dissertação (Mestrado em Ciências Sociais Aplicadas). FEAD, Belo Horizonte, 2010.

MARICATO, P. **Como montar e administrar bares e restaurantes**. São Paulo: Senac, 2002.

PREGUIÇA faz bem à saúde. **Veja**, 6 nov. 2019. Disponível em: https://veja.abril.com.br/saude/preguica-faz-bem-a-saude-afirma-a-ciencia. Acesso em: jan. 2025.

REICHHELD, F. F. Lead for Loyalty. **Harvard Business Review**, jul./ago. 2001. Disponível em: https://hbr.org/2001/07/lead-for-loyalty. Acesso em: jan. 2025.

REICHHELD, F. F. The Loyalty Effect: The Hidden Force Behind Growth, Profits, and Lasting Value. **Harvard Business Review**, v. 73, n. 2, p. 105-111, 1996.

ROSS, L. The Intuitive Psychologist and His Shortcomings: Distortions in the Attribution Process. In: **Advances in Experimental Social Psychology**, v. 10, p. 173-220, 1977.

SARAIVA, A. **Os mandamentos da lucratividade**. Rio de Janeiro: Elsevier, 2004.

SCHULTZ, H. **Dedique-se de coração**: como a Starbucks se tornou uma grande empresa de xícara em xícara. São Paulo: Buzz, 2019.

SEBRAE – Serviço Brasileiro de Apoio às Micro e Pequenas Empresas. Sobrevivência de empresas no Brasil. Brasília: **Sebrae**, 2020. Disponível em: https://sebrae.com.br. Acesso em: set. 2024.

SETOR de alimentos e bebidas: erros que devem ser evitados. **Sebrae**, 17 fev. 2023. Disponível em: https://sebrae.com.br/sites/PortalSebrae/artigos/setor-de-alimentos-e-bebidas-erros-que-devem-ser-evitados,5107aebb5fc06810VgnVCM1000001b00320aRCRD. Acesso em: jan. 2025.

SINEK, S. **Comece pelo porquê**: como grandes líderes inspiram pessoas e equipes a agir. Rio de Janeiro: Sextante, 2018.

SINEK, S. **Líderes se servem por último**: como construir equipes seguras e confiantes. Rio de Janeiro: Alta Books, 2019.

SINEK, S. **O jogo infinito**. Rio de Janeiro: Sextante, 2020.

SPANG, R. L. **The Invention of the Restaurant**: Paris and Modern Gastronomic Culture. Cambridge: Harvard University Press, 2020.

SULLIVAN, D.; NOMURA, C. **As 10 leis do crescimento pessoal:** faça seu futuro maior que seu passado e dê sentido à sua vida. Rio de Janeiro: Best Seller, 2014.

WALKER, J. R. **The Restaurant**: From Concept to Operation. Nova Jersey: John Wiley & Sons, 2010.

WOMACK, J. P.; JONES, D. T. **Lean Thinking**: Banish Waste and Create Wealth in Your Corporation. Nova York: Free Press, 2003.

ZULUAGA, T. The Complete Guide to Gen Z In the Restaurant Industry. **Toast**. Disponível em: https://pos.toasttab.com/blog/on-the-line/gen-z-restaurant-guide. Acesso em: jan. 2025.

Este livro foi impresso pela gráfica Assahi em papel pólen bold 70 g/m² em março de 2025.